U0505397

SIFL INSTITUTE 上海金融与法律研究院 城市化与金融系列丛书

编委会主任　曹远征

编 委 会（按姓氏拼音排序）

曹远征　顾长浩　季卫东　李步云

李维森　柳志伟　沈国明　吴晓灵

张　春　张　燎

主　　编　柳志伟

执行主编　傅蔚冈　聂日明

地方政府融资及其风险管理的国际经验

以韩国为例

黄懿杰　何帆　著

格致出版社　上海人民出版社

总　序

2009年末，上海金融与法律研究院开始筹备下一年的研究课题立项。我提出将城市化进程的金融安排，尤其是地方政府债务融资能力作为一项长期研究课题。研究院同意这一选题并提出由我来主持这项研究。

我几乎是毫不犹豫地答应了，不仅是因为我担任了上海金融与法律研究院的学术委员，出谋划策、评审把关是职责所在，更主要的是出于多年的理论研究和实际操作经验，我比较担心地方政府融资平台存在的较大的风险。我希望通过课题组这种研究形式，对地方政府的融资行为，地方融资平台的发展以及蕴含的风险进行一以贯之的追踪、评估、分析，并在此基础上寻找可供选择的防范风险乃至化解危机的解决方案。

从学理上讲，这将深化对中国经济运行机制的观察，为学术界提供高品质的学术资源，为制度经济学增加新鲜案例；从中国的现实讲，推进城市化是中国经济可持续发展的希望所在。但是否以地方政府负债投资的形式为最佳方法呢？能否持续？从更深层次观察，地方政府负债是财政问题，这势必涉及财税体制安排，以及中央与地方事权分割等基础性的政治与经济制度安排。显然，这是中国走向现代化，建立现代化国家治理结构中不可回避的重大课题。通过研究梳理，如若能为此做出绵薄贡献，不仅仅是学究式的学术偏好，更是我们这一代中国知识分子的历史使命。

一

自改革开放尤其是进入21世纪以来，中国出现了快速城市化。横向比较“金砖国家”（巴西、俄罗斯、印度、中国，简称“BRIC”），中国的城市化道路独树一帜，尤其明显区别于巴西、印度等发展中人口大国的城市化路径。更令世界瞩目的是，这一中国特色的城市化道路出色的表现堪称史无前例。以高速公路为例，中国的高速公路在1989年仅通车271公里，到1998年当年就新增1741公里，通车总里程达8733公里，居世界第六；2001年底，通车总里程达到1.9万公里，跃居世界第二；十年后的2011年底，通车总里程达8.5万公里，跃居世界第一；2012年底，通车总里程达9.56万公里，超过10万公里已经没有任何悬念。

同样的现象，也发生在铁路、城市道路与桥梁、机场、水电煤、电信、仓储等基础设施上，更体现在设计前卫、体量庞大的城市建筑中，如超高大楼、星级酒店、城市综合体、新建住宅等，与此同时，航线、汽车、家电等涉及居民衣食住行的设施与服务增速也十分迅猛。这些基础设施与商业、生活配套设施，支持了中国经济快速工业化。

进入21世纪，中国成为“世界工厂”已是不争的事实。“中国制造”遍布世界各个角落。中国不仅成为世界第一大贸易体，而且其进出口总额一度达到GDP的70%以上。这是大国以及世界经济史上前所未有的情况。

城市化和工业化的交相辉映，成功地创造了就业机会。数亿农村人口移民到城市就业、定居，使得用城市常住人口衡量的中国城市化率快速提高，到2012年已达52.6%。快速的城市化不仅使城市的面貌日新月异，而且也深刻改变着中国的社会结构，并由此影响着人们的价值观和消费偏好。中国庞大的人口规模，在城市化的进程中逐渐显现出其消费的巨大威力，似乎150多年前，英国商人所期望的“只要中国人每年用一顶棉织睡帽，英格兰现有工厂就已经供不应求了”并不遥远，幻想正在变成现实。

正因为这种憧憬，国际学术界对中国城市化道路以及与此相应的经济高速成长经验十分着迷，进而建构了“中国模式”。在这一模式中，通常认为发展主义政府，尤其是以经济发展为取向的地方政府作用至关重要，是“中国模式”的基石。由于政府以经济发展为目标，使其在各种政治和社会事务中均以GDP为检验标准，而不带其他偏好，因此这种“中性政府”是推进城市化，进而促进经济成长的关键。

至少从浅层次看，上述观察是真实的。国际经验表明，城市化不是凭空而来的，如果靠自发演化，不仅耗时过长，而且因缺少规划，会阻碍城市的进一步发展。更为严重的是，放任自流的发展极易引发诸如就业机会不足、贫民窟、社会秩序混乱等城市病，进而出现“城市漂移”(urban drifting)。于是在城市发展中，如何发挥政府的作用就成了一门学问，在各国的大学中普遍没有城市规划专业便是一例。而中国城市化的经验恰恰从一个角度映射出:一个强势政府是可以阻止上述城市病的。

但是,如果深层次追究,一些疑问也随之产生。首先,什么原因使政府有如此巨大的热情去推动城市化并不受其他偏好的影响呢?其次,是什么机制保证政府推动城市化资源的持续供给,尤其是资金的充沛来源?第三,这种政府推动的城市化是否可持续?显然,不厘清这些问题,就无法客观全面地把握中国城市化的全貌,进而也无法将"中国模式"理论建立在可靠的理论基础之上。从这个意义上讲,本课题的研究实质是制度经济学层面的事,希望通过实证分析来探讨制度的演进及其意义。

二

中国政府在城市化中所扮演的重要角色可追溯到1949年。此前,一如其他发展中国家,中国的城市化并没有政府的强力干预,呈现出自然而然的过程。新中国成立以后,中国实行了类似苏联的高度集中的计划经济体制:反映在宏观方面,是用指令性计划取代竞争性价格机制来配置资源;反映在微观层面,是用行政性生产单位取代优胜劣汰的自由企业制度。从制度经济学的角度观察,这一体制的信息是自下而上汇总的,而决策即指令则是自上而下贯彻的。中央计划部门是最高甚至是唯一的决策者,地方政府仅是甚至是唯一的执行者,并由此使整个经济活动,无论人财物还是产供销均为计划所控制。需要指出的是,这一体制是一个严密的体系,为保证经济计划的顺利进行,需要在社会体制、政治体制等方面作出相应的安排。除在城市维持各种附属于行政权力的“单位”外，在农村表现为用行政权力人为地维持城乡分割。

十分明显，上述高度集中的计划经济体制的运行结果表现在财务安排上便呈现出财政主导性特征，一切经济活动皆为国家经济活动。所谓财政，是一半财、一半政。它是国家治理的基础和支柱，高度服从于国家的战略目标。新中国成立后，囿于当时的历史条件，发展工业尤其是与国防安全相关的重工业是当务之急。为了发展工业，必须扩大投资，这就要求抑制消费、动员储蓄、控制成本。而高度集中的计划经济体制及与其相适应的社会、政治体制安排恰恰可以满足这一要求。

具体来看，上述诉求的实现机制是：在农村，通过农产品的统购统销人为地压低农产品价格，抬高工业品价格，用“剪刀差”动员农村储蓄投入工业，并相应地压低工资成本；通过人民公社制度将农村人口束缚在土地上，人为地增加了人口流动的机会成本，以此不仅使低工资成本长期保持，并可以相应维持工业资本积累能力的可持续。在城市，通过兴办行政附属性的国营工厂来保证资本集中投向国家最需要的工业部门，通过票证配合制度人为地抑制消费，并通过附属于财政的国有银行垄断性安排将消费剩余不断动员成工业投资。在这种情况下，服从于国家战略目标的财政安排自然决定了其财力安排顺序：先建设、后生活。集中力量发展工业，而城市则被视为发展工业所必要的代价而成为从属性的。于是当时中国城市就呈现这样一番景象：在马路一边是高大的厂房，在马路另一边则是“干打垒”的职工宿舍，居住条件差，生活配套设施不足，城市基础设施及公用事业严重欠缺。这种景象在新兴工业基地中的典型代表是大庆，在老工业基地中的典型代表是沈阳铁西区。

高度集中的计划经济体制在带来经济发展的同时，也带来了严重的弊端。一方面，20世纪70年代末，中国的工业体系已初步形成，工业生产总值已占全社会总产值的70%以上，另一方面，城市化却严重滞后，70%以上的人口仍然是农民，二元经济分割倾向不仅在固化、深化，而且尖锐对立并有断裂之忧。用当时的语言表述就是，农轻重比例严重失调，城乡差距不断扩大，国民经济走到崩溃的边缘，其根源在于“斯大林模式”，即高度集中的计划经济体制决策失误，浪费严重，效率低下。也正是这个原因，改革成为历史的必然，而改革的目标取向自然是构建市场经济体制。

回顾35年中国改革的经验，可以看到，中国采取的是市场取向的渐进式改革方式。这一方式奠定了中国现有城市化模式的基因并因路径依赖而显著化。改革起步于高度集中的计划经济体制。改革的逻辑和实践起点首先就是减少集中度，表现为行政权力尤其是决策权力的下放：在中央与地方关系上体现为简政放权，地方政府有更大的决策权，在政府与企业的关系上体现为放权让利，不仅让企业有经营自主权，而且还有利润留成；在企业与职工的关系上引入奖金制度，允许干好干坏不一样；在农村则实行土地承包经营制，鼓励农民多劳多得。决策权力的下放在国家和农民的关系上，废除了粮食的统购统销，取消了人民公社制度，实行家庭联产承包责任制：在给农民经营自由的基础上，鼓励农民多劳多得。

这一系列制度性的放权安排，使中国的城市化道路开始摆脱传统模式，表现在三个方面：

首先，以家庭联产承包责任制为基础的农村经济体制改革中，农民可以自主投资、自主经营，使中国的工业化不再是国家主导的工业化，而呈现典型的亚洲工业化特点，即有了货币收入的农民受工业化规律的支配而投资于工业，乡镇企业蓬勃发展，其聚集发展改变了原有的城市布局，小城镇开始涌现。与此同时，城镇建设资金也不依赖于财政拨款而多采用集资、入股等所谓自筹资金的方式安排。从某种意义上讲，这是中国最早出现的公共民营合作制(PPP)形式。

其次，原有的城市是国有企业的聚集地，在以乡镇企业为代表的非国有企业的激烈竞争下，国有企业业绩普遍不佳，甚至亏损严重。这不仅极大地影响着地方财政收入，而且因工人下岗，就业形势严重化迫使地方政府必须招商引资。为吸引投资者，"三通一平"的基础设施就成为基本条件，而老城区改造成本较大，于是多采用在老城区旁建新城的办法，开发区模式由此而大行其道。

第三，简政放权为上述城市化发展提供了充分条件。20世纪80年代，随着家庭联产承包责任制的广泛发展，从农村动员经济剩余的途径已经堵塞，与此同时，随着对国有工业企业的放权让利，以利润为基础的财政收入又呈下降趋势。前后夹击，动摇了原有的财政基础，财政体制不得不改弦更张。1984年后，一方面在财政收入上开始推行"利改税"，另一方面在财政支出上，开始推行"拨改贷”，与此同时，在政府间关系上开始推行“分灶吃饭”，即中央和地方各自承担本级财政支出。财政体制这一变动，为地方政府满足本级财政支出而组织财政收入奠定了前提条件。长期在高度集中计划经济下所形成的工业化和城市化脱节，造成了城市化欠账，再加上农村剩余劳动力转移就业的压力巨大，迫使地方政府必须以极大的努力去组织收入以满足支出。预算外收入由此产生，而且增长迅速，并日益成为城市建设的主要资金来源。

制度经济学研究表明，制度变迁有“路径依赖”特点。一旦初始条件给定，制度演进会沿着初始条件所规定的发展可能性空间展开，并在这一展开的过程中不断强化对这一路径的依赖倾向。在中国的城市化中，20世纪80年代由决策权高度集中到决策分散这一放权安排，改变了初始条件并引致上述三方面的变化，而这些变化中都暗含了一条共同的路径：可以不用正规的财政资源（由税收构成的一般性财政收入）来实现城市发展的资金安排。并且随着时间的推移，在各地方的相互竞争和模仿下，这一路径日渐清晰起来，这就是土地批租制度，即通过生地变熟地来使土地增值，进而通过变现来筹措资金。除用于基础设施建设外，还可以以地养地，滚动开发。“土地财政”的基因由此奠定。

由于包括土地在内的各种资源多集中于地方政府，故其筹措财政收入尤其是预算外财政收入的能力远高于中央政府。1980年到1993年，地方财政收入占全国财政收入的比重平均高达68%。一些经济发展快，资源价格尤其是土地价格上涨快的省份，其财政收入增长远快于全国。相比之下，地方政府的支出责任却并未发生较大变化，尤其在一些经济发达省份，支出增长小于收入增长。1980年到1993年，地方财政支出占全国财政支出的比重平均为49%，呈现出财权大事权小的格局。

中央财政收入占全国财政收入的比重持续下降，甚至到了中央财政支出难以维持的地步，终于触发了1994年的财政体制改革。囿于当时的条件，这一改革并未在各级政府支出责任上做大的调整，而是集中力量用于筹措财政收入，尤其是中央政府的财政收入，其目标是有限的，主要是提高两个比重，即提高财政收入占整个国民收入的比重，提高中央财政收入占整个财政收入的比重，俗称分税制改革。

就当初设定的优先目标而言，分税制改革取得了巨大的成功。除财政收入占整个国民收入的比重提高外，中央财政收入的比重也持续提高。到2008年，地方财政收入仅占全国财政收入的47%，较1994年下降21个百分点。但与此同时，地方政府的支出责任并未相应减小，支出不断上升，结果到2008年地方平均财政支出已占全国财政支出的79%，比1994年上升20个百分点。地方政府的财政收支缺口越来越大，为满足城市建设资金的需求，地方政府必须进一步拓展资金来源。其结果是以土地作为融资中介的城市化投融资模式逐渐兴起，成为21世纪以来主导城市化投融资的主要模式，同时也成为当今中国地方政府“土地财政”的完备形式。

1998年，国家开发银行与芜湖市政府在国内首创了城市基础设施贷款领域的“芜湖模式”，即把若干个单一的城建项目打包，由市政府指定的融资平台作为统借统还借款法人，由市政府建立“偿债准备金”作为还款保证。随后的2000年，国开行与苏州工业园区的合作进一步发展了这一模式，创造出一种崭新的制度安排，即政府出资设立商业性法人机构作为基础设施建设的借款机构，使借款方获得土地出让项目的收益权，培育借款人的“内部现金流”；同时通过财政的补偿机制，将土地出让收入等财政型基金转化为借款人的“外部现金流”，两者共同发挥作用，使政府信用有效地转化为还款现金流。这就是人们熟知的“地方融资平台”模式。

2000年以后，除了国开行以外，越来越多的地方政府和商业银行参与这一模式。特别是在2008年，为抵抗全球金融危机带来的经济衰退，中国启动了“四万亿”经济刺激计划，新建在建的基础设施项目大幅增加，除财政投资外，更多地方政府采用了负债投资的办法，地方融资平台模式备受青睐。与此同时，金融系统对城市基础设施投资的信贷约束大大放松，也为负债投资提供了方便条件。数千家政府性公司的资产负债表迅速膨胀，负债规模急速上升。

根据国家审计署2011年的审计结果，2010年地方政府性债务余额中的48.85％是2008年后发生的，并且地方债务是全国范围的。2010年年底，全国2779个县中只有54个县级政府没有举借政府性债务。除此之外，所有的省政府、市政府和县政府都举借了债务。更为突出的是，地方政府性债务还呈加速发展之势。根据国家审计署2013年的审计结果，包括负有偿还责任、担保责任和其他相应责任在内的全部地方政府性债务由2010年的10.7万亿元上升到2013年6月的17.99万亿元，平均增长近20％。其中，县级政府性债务增长最快，为26.59%；市级次之，为17.36%；省级为14.41%。

以地方融资平台为基本骨干的“土地财政”成为中国快速城市化的主要动力。无疑，这对加速城市基础设施建设，改善居民生活条件，吸引产业集群，促进经济社会发展发挥了重要作用，并充分体现在城市化率的快速提高上。1989年到1999年10年间，中国的城市化率只增长了4%，而2001年到2012年11年间，中国的城市化率由38%增长到52.6%，平均增长1.3个百分点。这意味着每年有1600万农民进城务工，成为工业化的主力军，而且更为重要的是，中国的贫困人口规模迅速缩小，城乡对立大幅缓解，向现代社会转型不断加快。

但与此同时，不断增加的地方融资平台以及不断攀升的地方负债规模也令人担忧。面对不断到期的地方应付债务，国内外金融市场均十分警惕。尽管地方政府屡屡承诺还债义务，并在监管当局默许下，采用诸如成立资产管理公司，允许发债替换，展期处理等“腾挪成本”方式进行风险缓释，但违约风险仍在上升，金融市场疑虑仍在加重。在信息相对透明的债券市场，以地方政府控制的城投公司为负债主体的城投债借新还旧发行成本已达7%以上，但仍频现支付危机，如出现了“上海申虹”、“云南城投”、“黑色七月”等事件。

更大的问题在于，现有的城市化融资模式基于一个基本的假设：在中国快速、持续的城市化进程中，城市的土地价值将在相当长的一段时间内处于上涨趋势。这种情况下，地方政府的债务融资可以依赖土地储备作为抵押品，并以土地升值为还款来源，从而使路径依赖更为强化。地方政府自觉或不自觉地存在维持或者推动房价、地价上涨，鼓励房地产发展的政策冲动，就是一个充分体现。

基于先天禀赋的差异，一些三四线城市过多的土地供给和超前的基础设施建设，出现了"空城"、"鬼城"。未来这些地方政府进一步融资的能力受限，城市化的质量与前景也令人生疑。而大型的一二线城市则限制土地供给，房价畸高，是否拥住住房成为财富差距的主要因素，阻碍了社会阶层流动，公众舆论对此批评不断。这些都对现有的城市化模式构成了严重的挑战。尤其需要指出的是，随着中国人口老龄化程度的加深，房地产刚性需求将呈下降之势，房地产价格还会持续上涨吗？这一系列现象给中国未来的可持续发展蒙上一层阴影。

今天，我们面临这样的一个问题：未来的城市化如何又快又好地持续下去？而这一问题面临两个挑战：第一，现有的城市化模式还能持续吗？如果不能持续，如何化解其带来的债务风险？第二，构建新型的城市化发展模式，这不仅仅需要我们寻找长效的、稳定的建设资金来源，更需要对地方政府功能作重新审视和定位。

三

这里，我们需要重新回溯一下关于中国地方政府在经济发展中地位和作用的争论。

主流经济学界认为，在过去的30年里，中国经济增长之所以有“奇迹”(年均10%左右的GDP增速),就是因为中国经济体制改革是市场取向性的,是符合新古典经济学的基本原则的。这包括放松管制、经济开放、市场竞争、保护产权,以及与政府减少干预相适应的谨慎的财政政策。中国经济体制改革尤其强调,政府退出具体的经济活动,停止对要素市场的价格干预,保持国有企业中性角色等,因而更被视为主流经济学及其衍生政策的成功范例。

在这一认识下,城市化的发展应该遵循市场原则,政府之手不应该伸得太长,大规模的造城运动、政绩工程违背了市场规律,一般来说都是缺乏效率、品质低劣的项目,因为好的项目会赢得市场的认可并获得融资,而不需要政府插手。如果按照这一原则行事,中国大多数的“铁公基”的项目可能都不会面世,自然也就没有规模庞大的地方政府性债务。根据这一原则,让地方政府及其控制的融资平台直接向资本市场融资,即以发行债券、风险自担的方式为城市化融资也是一个不错的选项,美国“西进运动”中的基础设施建设就是一个生动的案例。

但是,即使主流经济学也无法回避中国地方政府在经济增长中的功能。制度经济学的“鼻祖”科斯在与王宁合著的《变革中国:市场经济的中国之路》中也承认,包括苏州工业园区、昆山高新技术产业开发区在内的90多个国家级经济技术开发区以及数目巨大的省、市、县级工业园对中国的经济增长起到了重要的作用。

有鉴于中国地方政府在经济发展中所扮演的积极角色,有不少学者倾向于挖掘政府在城市化乃至经济增长中独特的、举足轻重的作用并重新予以定义。有人归结为中国政府的远见卓识,有人归结为“政治上的贤能体制”，并得出结论：一个致力于经济增长的中性政府有利于现代化建设，这是发展中国家现代化潮流的新鲜经验，并可加以推广。但是，这种逻辑的不自洽性也显而易见。债务的不可持续、生态的恶化、收入差距的扩大以及腐败的大范围发生，使这种看法很难被接受。

目前，上述两种看法及其背后所代表的学术思潮仍在激烈的交锋中。孰对孰错暂且不论，但这两种意见的分野，造成公共舆论在如何为城市化融资上出现分歧，并影响决策，造成一系列政策的决策存在障碍。例如，发展大城市还是主推中小城镇，全面推进利率市场化还是保留开发性政策金融的利率优势，不同的观点和看法形成两条截然不同的轨道，各说各话。

问题的关键在哪里？以往的学术讨论过多聚焦于理论层面的探讨，基于对现代化、规范化的政府治理的诉求，从理念出发，试图给政府之手戴上手铐。这一思路忽视了路径依赖的约束，而各个国家的政府事权与政府间财政关系的形成一般都有特定的历史原因。跳过这一历史现实，直接以国外经验作参照系，可能符合中国未来的发展方向，但过于空泛，缺乏可操作的现实基础，进而被束之高阁。而离开了学术与理论的支撑，政府就完全是摸着石头过河，当然有可能会摸到靠谱、先进的经验依据，但误入深沟、偏离改革彼岸的情况也难免会发生，这不可避免会贻误政策时机、降低改革的效率。

基于这种考虑，2009 年在《城市化与金融》系列课题研究开始时，我们就认为最佳的研究路线是将研究视野回归现实，抛开先入为主的理念框架，从历史、事实、数据中描述、分析研究对象，寻找问题的症结，为下一步的分析和研究提供依据。同时，以比较的视角，梳理发达国家、相似经济发展路径或发展阶段的东亚国家和新兴市场国家的经验教训。最后，比较中国的现实及国际的经验，寻找可供中国参考的政策选项。我们认为，从实证的角度出发，可以刻画现有中国城市化模式的内在机理，评估其优劣，并在此基础上形成新的学术规范。

四

我们尝试从大范围多个角度来回答政府在城市化进而在经济发展中的作用得失，有以下主要研究发现：

在过去35年中，中国至少做对了两件事情。第一，过去十几年内，政府主动而非被动展开的基础设施建设减少了中国整体上的投资错配，降低了因此带来的潜在GDP损失；第二，在金融市场不发达的背景下，以土地为主的政府融资中介，为中国创造了安全资产，整体上提高了融资市场的效率。这两者都改善了中国城市化和经济增长的绩效。

地方政府推动的基础设施建设投资客观上改善了中国整体投资的错配，促进了经济增长、人口城市化的宏观目标，但其本意可能只是为了增加地方政府收入、提高本地GDP增速。地方政府性债务规模上升并出现潜在的系统性金融风险，也可能是中央政府有意放松金融管制的副产品，因为对于通过地方政府的负债投资来拉动整体的经济增长，中央政府是乐见其成的。

由上,“如何为城市化融资”的命题的核心是“明确谁来为城市化融资”。它体现在两个方面,分别为“政府事权与支出责任划分”和“政府间事权与支出责任划分”,简而言之,即“政府与市场”以及“中央与地方(及其他各级政府间)”事权和支出责任的界限划分。

自1994年分税制改革以来,20年间,政府事权界定及政府间事权与支出责任划分问题一直被提起,但始终未得到解决,在改革的议程上被长期虚置。一个很重要的原因是从计划向市场的转型中,政府应承担的职能尚不明确,不仅仅是政府的职责存在大量的越权与缺位,政府内部及学界对政府职责定位的认识也不是很清楚。与此同时,地方政府在经济发展,尤其是促进就业方面承担着巨大责任。一旦影响地方政府的积极性,将会影响经济发展,而这在高度集中的计划经济体制中是有教训的。于是一直保留着“上下一般粗”的政府间事权划分,即所谓的“中央出政策,地方对口执行”。政策出台后,目标向下由各级政府逐级分解,由基层政府落实执行,形成事权下移的局面。

政府事权界定的模糊,使得政府尤其是地方政府全面参与了经济发展,树立了政府在经济活动中的主体性作用,客观上改善了中国经济增长的绩效,也牺牲了长期经济发展的空间,在今天甚至已经成为城市化深化(或者说“人的城市化”)的障碍。

政府间事权与支出责任界定不清,使得中央政府对地方政府的所作所为只能“孩子与脏水”一起留着,地方政府修路建桥欠下的债务,中央政府很难独善其身,自然也就很难要求地方政府践行“谁的孩子谁抱走”的市场化处理政府性债务的思路。

上述研究发现使结论因之而十分明确：在过去35年中，通过工业化来加速经济增长、克服普遍贫困，既是经济发展规律使然，也是中华民族复兴的历史追求。在这一过程中，中国政府尤其是地方政府发挥了不可替代的积极作用，主要体现在政府主导的城市化为工业化形成了有力的支撑，中国经济快速成长，并使中国经济社会发展进入新阶段，其鲜明的标志就是城市化率超过50%。

中国经济社会发展的新阶段意味着过去"土地的城市化"需要进入"人的城市化"：与人的发展相关的教育、医疗、文化等事业成为发展的重心；与之相适应的包括社会保障在内的基本公共服务均等化成为城市化新的诉求，这要求政府的职能从经济建设型转向公共服务型，相应地需要重塑政府与市场的关系，重新划分政府间的事权与支出责任。除政府应退出经济活动、市场发挥决定性作用外，在政府间财政关系上，应以公共服务型政府为指向，划分事权，厘定支出责任。

五

"千里之行，始于足下。"上述研究发现和结论是通过对问题的细致梳理而逐步形成并日臻完善的。

根据对《城市化与金融》系列课题的规划，自2010年开始，上海金融与法律研究院逐步开始与各领域的研究人员接触，先后遴选了来自复旦大学、上海交通大学、中国社科院世界经济与政治研究所、美国明尼苏达大学、上海财经大学等的多位专家所主持的不同的研究方向，依次展开课题研究。

同时，上海金融与法律研究院还组织了大大小小十余次研讨会、评审会、报告会，引入地方政府、城投与路桥公司、发改委、银监会、央行、国家开发银行、商业银行、评级公司、科研院所、专注于公用事业投融资的咨询公司等机构的研究人员参与讨论，在激烈的观点碰撞和热烈讨论中，《城市化与金融》各课题的负责人吸收了相应的意见。

在对课题的密集讨论中，参与研究的人员逐步形成共识：地方政府的融资平台及其债务风险是研究的最佳切入点。理由是：地方政府的债务风险只是现行城市化模式的结果，而理解现行城市化模式的钥匙就在地方政府融资平台。

复旦大学中国经济研究中心王永钦对地方政府融资平台及345家城投债进行了理论与实证研究，探究地方融资平台的效率、风险与最适透明度。研究成果表明，地方政府融资平台实际上是受到流动性约束的地方政府在经济发展过程中进行的金融创新，非常类似于资本市场发达国家最近一二十年内出现的资产证券化。

而地方政府融资平台承建的基础设施是否应该继续，应该分析新建投资是否有财务风险。上海交通大学安泰经管学院黄少卿与施浩团队因此对基础设施投资的效率做了研究，认为中国基础设施目前已经过度，应警惕未来的财政风险，地方政府在进行大规模基础设施投资时，必须与私人性的生产设施的投资形成齐头并进的良性局面。

地方政府的巨额债务自然是快速城市化的结果，但城市化不是地方政府债务产生的唯一因素，要理解地方政府债务的产生，需要从中国整体经济发展模式、财政制度与金融体系关系的角度来审视。复旦大学中国经济研究中心傅勇从中央与地方"财政—金融"相互交织的视角，来讨论中国经济体制改革的脉络及其内在逻辑，以此揭示地方政府债务产生的本质原因。他指出在现有体制下，债务规模是由中央与地方博弈决定的，城市化只不过是债务产生的中介，并非根本原因。要一劳永逸地解决无序债务增长问题，还需要从财政、金融制度的安排入手。

中国的城市化是史无前例的，虽然从国际视野来看，中国的基础建设缺乏可参照的学习对象，但他国的经验值得中国学习，他国的教训中国也应警惕避免。中国社会科学院世界经济与政治研究所何帆梳理韩国的地方政府债务现状及融资模式，结合韩国国家行政结构、地方政府自治、金融市场结构等背景，对该国地方政府融资和风险管理系统进行评价，并在具体运行过程和制度背景中找出问题所在。

作为成熟的发达国家，美国当前的基础设施建设也为我们提供了可资借鉴的图景，如借债方式是否恰当，债务开支是否得宜，债务规模是否可控，债务的风险如何评估和防范等等。美国明尼苏达大学赵志荣以明州的交通设施投融资为研究对象，从政府和市场的职责分工、各级政府间的协作、现金流和债务融资的取舍、税费手段的选择和设施定价水平的考量五个维度深入"解剖一只麻雀"，分别介绍明州交通设施投融资的资金来源、项目间的资金划拨，以及新近主要议题。

从操作角度观察，要处置当前的债务风险，中央政府必须考虑不同的地方政府债务处置方案将对未来地方政府的融资模式产生何种影响。毕竟地方政府目前还有着很强的融资需求，尤其当前地方政府支出的压力不仅仅体现在大规模的城市化建设上，更体现在养老、医保、住房等多个领域中，这些都会对未来地方政府的可持续财政形成很大的冲击。

从全局来看，化解存量的地方政府债务、设计未来地方政府融资的新渠道，是政策技术层面需要面对的问题。要解决这些问题，就必须回应近20年来一直模糊的界限，即中央与地方的财权与事权关系的匹配、政府与纳税人之间的权利和义务的匹配，亦即明确城市化进程中，哪些事情是需要政府来完成的，哪些是市场可以自行完成的。前者是政府事权，后者可以通过PPP等融资模式来为城市化项目融资。在此基础上，明确中央与地方关系，政府事权中除去中央政府承担的，留下的才是地方政府的事权以及融资问题。在这个背景下，清理地方政府债务才有意义，才不会像韭菜割了一茬又长一茬。

上海交通大学凯原法学院黄韬以地方政府债务问题为出发点，从制度的历史文本上梳理了中央与地方政府分别拥有的事权及其变革，他指出当前中国的地方政府债务问题实际上折射出财政体制中的一个制度性缺陷，即中央与地方之间的事权关系尚未被纳入法治的轨道，法治化程度不高导致中央与地方的事权与财力不匹配，中央与地方政府在过去30年一直处于拉锯状态。

这不仅印证了傅勇的研究成果，还表明应当着力提升我国中央与地方事权关系法治化的程度。在这个过程中，也应当意识到，既有的那种能够防止地方政府过度举债融资的自上而下的政治控制机制将不可避免地被削弱。因此，需要注意到制度与制度之间的彼此勾连，防止因中央和地方事权关系法治化的提升而带来的新问题。

与此同时，中短期的城市化融资及化解地方政府债务，无法回避地方政府融资平台及存量债务。上海财经大学公共经济与管理学院郑春荣着眼于政策的技术性解决方案，基于地方政府财政收支情况与地方政府融资平台的财务和经营的微观数据，在前述课题研究成果的框架下，厘定地方政府融资平台的事权边界，优化融资结构。

近几年内，地方政府债务的可持续性维持十分重要，对此，我们的建议如下：第一是短期内财政体制在省市县不要发生重大变动，政策核心在于如何缓解债务的到期偿付；第二是解决目前地方政府债务的期限错配，将债务进行ABS再证券化，把银行对地方政府的贷款打包成债券然后卖掉，拉长融资期限以匹配项目期限；第三，为了保证前述目标的实现，需要全面梳理地方政府的自主发债，推进金融市场化，比如成立权威高效的信用评级公司、利率市场化、消除基建项目的国家信用隐性担保等。

六

35年前，再有想象力，也无法预见中国今天的经济规模和城市化水平，我们或许正经历着中国历史上经济社会形态转型最为剧烈的时代，其历史地位可与人类历史上任何一个伟大时代相媲美。作为经济学家，我有幸处在这样一个激动人心的年代。

35年前，当我们刚跨出校门，就置身于改革开放的潮流中，不仅见证这一时代转型的细节，还卷入重大决策的讨论中。1985年，一群致力于改革开放的青年经济学家共同发表的《改革：我们面临的挑战与选择——城市经济体制改革调查综合报告》。其时，我们就指出："经过几年努力，经济系统运行开始向市场方向倾斜，为改革向更深层次的市场突破，创造了比改革之初优越得多的基础。同时今天的改革面临新的严峻挑战，要求我们以更大的勇气和决心，以更加审慎的态度，沿原有'放'的思路，在劳动力市场和金融市场问题上，正面迎接工资结构性上涨和投资饥渴症的挑战。"这些话用在今天仍然毫不过时与突兀。

同样的话，并不代表中国在原地踏步，相反表明，我们站在一个新的历史起点。地的城市化已见成果，而人的城市化刚开始旅程，30余年的城市化历程过后，反思城市化进程中的得失成败，探索新型城市化的道路，这已经成为上海金融与法律研究院未来几年的工作重心。而能与这些年轻的、有理想、对未来充满希望的研究院同事一同面对这个时代，一同为中国的现代化转型探寻未来，令人鼓舞。

是为序。

曹远征

中国银行首席经济学家

上海金融与法律研究院学术委员

目　录

第1章

引言

1.1 研究背景

改革开放以来，随着中国城市化的不断推进，基础设施、公共设施和重大项目的建设日益迫切，地方政府的投融资需求不断增加。1988年，《国务院关于印发投资管理体制近期改革方案的通知》开启了中国地方政府的自主投资之路，地方投资公司随之兴起；1994年分税制改革之后，中央与地方“财权”与“事权”不匹配的现象越来越严重，地方政府财政收入远远不能满足其投资需求；同时，在2014年修订之前，《中华人民共和国预算法》又基本上禁止地方政府直接自主举债的行为。在这种制度框架下，地方政府只能借助“地方融资平台”，通过划拨土地、财政补贴等方式以“地方融资平台”公司为主体进行融资，投资于各种公共事业和基础设施。2004年发布的《国务院关于投资体制改革的决定》则进一步扩大了地方融资平台可能的融资渠道。2008年全球性金融危机爆发之后，中央政府为刺激经济，推出了4万亿元刺激计划，银行部门也在2009年发放了9.6万亿元信贷，地方政府在这一次建设浪潮中负债急剧膨胀，并出现一定的违约风险。2009 年和 2010 年中央连续两年代发 2000 亿元地方债，打破了近 16 年的禁令，使得地方债“阳光化”变得可能。随后出现的欧洲债务危机则使得中央、地方和学术界对我国的地方债务问题予以高度关注。2010 年 1 月 19 日，国务院第四次全体会议把“尽快制定规范地方融资平台的措施，防范潜在财政风险”列为当年宏观政策方面要重点抓好的工作之一。在此背景下，将目光转向国际经验，改变中国地方政府融资途径单一的现状，寻找适合中国国情的地方政府融资方式，同时对地方债务进行合理的风险管理，成为一个迫切需要解决的问题。

在地方债问题上，发达国家和发展中国家都做了很多有益的尝试。例如美国的市政债券、日本的地方公债制度等都已经较为成熟。本研究关注韩国的地方债务制度及运行情况，主要因为：(1)中国和韩国均属东亚文化圈，在历史和文化传统上有很多共同点；(2)韩国也属单一制国家，政府间财政关系也与中国类似；(3)韩国人均 GDP 约 22424 美元(2011 年)，已经成功跨跃“中等收入陷阱”，其走过的路径恰是中国经济发展的下一个阶段；(4)韩国在发展历程中曾经历 1997 年爆发的亚洲金融危机和 2008 年爆发的全球金融危机，但都成功战胜危机，实现经济的可持续发展。因此，无论文化和制度的相似程度、经济的发展阶段还是战胜危机的经历，韩国与其他国家相比对中国更具有借鉴意义。通过分析韩国地方债模式，并总结其经验教训，有助于寻找我国现阶段地方政府融资和管理的突破口与改革方向。

1.2 文献综述与研究设计

地方财政理论研究最先始于国外对“公共品”供给方的探讨。据龚强等(2011)对地方政府债务问题的综述,以Tiebout(1956),Musgrave(1959),Oates(1972)为代表的第一代财政联邦理论(fiscal federalization)指出由多层级的政府体系提供公共品比单一由中央政府提供所有公共支出更为有效,从而奠定了地方政府财政的理论基础。而在地方政府的投融资过程中,考虑到代际公平、运营成本、财政收入与支出的时间错配以及地方债务对地方政府的监督和问责作用,地方政府借款为地方投资项目融资比使用当期的地方财政收入更为可取(Swianiewicz, 2004; World Bank, 2004)。

经过各国几十年的实践和相应的理论探讨,国外在地方政府融资方面已经积累了大量理论研究和实例经验。在具体的国别操作经验中,主要可以分为以欧洲为代表的银行主导型和以美国为代表的资本市场主导型,两者是研究的热点问题。针对这两种类型的地方政府融资方式, Leigland(1997)指出在新兴经济体中,城市基础设施建设的融资利用美国市政债券的模式更好,但要完全复制不可能在短时间内完成。在对具体经验的介绍中,Fabozzi(2006)详细介绍了美国市政债券的类型、特点、信用风险和税收政策等;Shirai(2005)介绍了日本地方政府的融资和管理模式,并认为这种以中央政府担保和主导的方式很可能导致地方政府过度负债,不具备长期可持续性;Doi 和 Hayashi(2005)则详细比较了美国、日本和法国的地方债券系统,并对日本地方债券系统的改革提出建议;除上述发达地区以外,Bagchi 和 Kundu(2003)介绍了印度为基础设施融资发行市政债券的经验,并指出发展中国家可能遇到很多需要改革的问题;Martinez-Vazquez 等(2006)详细介绍了俄罗斯的政府间财政转移和地方政府借贷行为;Souza(2002)则介绍了巴西 1988 年宪法出台后地方政府的融资行为。目前国内在国际经验介绍方面的相关研究主要集中于美国和日本地方政府发行债券融资的经验(傅志华、陈少强,2004;杨华,2011;王锐、张韶华和黎惠民,2004;宋立,2005)。

然而,国内外文献对韩国地方债务问题的探讨较少。在国外研究中,Kwon(2003)介绍了韩国财政分权对公共支出的影响;Kim(2002)较为详细地论述了韩国地方政府的融资渠道、债务结构以及未来改革的方向,但研究的范围为 2001 年及以前,由于韩国财政改革频繁,因此其时效性较差。在国内研究中,财政部财政科学研究所课题组(2009)在介绍地方债务的国际经验时,简略性地介绍了韩国地方债务的地区分布与债务,引用数据的年份仅为 2001 年,无论是详细程度还是时效性均不能满足经验借鉴的需要;李萍、许宏才和李承(2009)同样在国际经验介绍中用较少的篇幅介绍了韩国的地方政府债务管理情况,仅对韩国政府的管理框架、财政框架及地方债务的管理制度进行了简单介绍,且没有韩国地方债务的数据及相关细节。

总体而言,之前的研究仍存在以下问题:其一,韩国的地方债经验无论是在国际上，还是在中国国内都没有引起足够的重视，鲜有全面的介绍和梳理，特别是国内对其的介绍几乎是一带而过；其二，国内外文献对韩国地方财政及债务管理模式的评价都还不够客观，对相关数据的挖掘不足，从而难以准确认识韩国地方政府融资和风险管理模式中的不足和潜在问题，更难以把握问题的严重程度、是否可持续等关键信息。基于此，本研究通过对韩国地方债务现状和管理制度的梳理和综述以及典型案例讨论和数据分析，再辅以中外专家的研究成果，试图描绘出目前韩国地方政府融资和风险管理的组成架构、制度保障和运行情况；同时从上述结论出发，结合中国国情的特点对中国地方政府融资和风险管理的改革突破口提出可借鉴的经验和教训。

本研究的核心部分是对韩国地方政府债务及管理机制进行分析。主要思路是：在概述韩国的行政结构、地方政府自治的政治背景后，首先梳理韩国地方政府债务的现状，了解韩国地方政府债务的整体情况；随后探讨韩国地方政府债务的发行程序、存量管理及风险控制机制，梳理韩国地方债务的管理体系；在此基础上，进一步探究韩国产生地方债务的根本原因，即城镇化与城市建设问题，理解韩国的城市发展政策、基础设施（主要是城市地铁）和住房建设、公营企业的机制以及相应的债务问题，加深对韩国地方政府债务背后机制的理解；随后，比较中国和韩国的地方政治、财政及城市发展模式，了解两国基础性的不同，从而在此基础上比较中韩两国的地方政府债务，并将韩国的地方政府债务与美日两国进行对比分析；最后对韩国地方债务体系的不足进行思考，并提出对中国地方政府债务问题的建议。总体上是按照“制度基础—融资行为—债务管理—背后机制”的思路探究韩国地方债务问题，并按照“中韩两国制度比较—中韩两国债务比较—美日韩三国债务比较”的思路进一步分析韩国地方政府债务体系的得与失。实际上，本研究的一个困难在于准确获取以韩语记载的相关制度信息和数据；且由于时效性问题，对韩国地方政府债务和风险管理的近期动向的把握也可能存在不足。

除第 1 章引言部分外，本书的其他部分拟安排如下：第 2 章介绍韩国地方债务的基本情况，包括四个部分：韩国的行政结构与地方自治，剖析韩国地方债务的制度基础；韩国地方财政体系，重点是韩国地方财政收入的几大部分以及韩国地方政府的预算支出概况；韩国地方债务的现状，分流量和存量两大方面分别进行探讨；韩国地方债务的管理机制，介绍韩国地方债务发行政策的沿革、韩国地方政府进行债务融资的条件、韩国地方债务的发行流程和内容以及韩国地方债务的风险管理几大方面。第 3 章重点探讨韩国城市建设与地方债务，包括四大部分：韩国城市发展与政策，介绍韩国城镇化历程以及区域与城市发展政策；韩国基础设施建设，以韩国城市地铁债券为例介绍地方债务在城市地铁建设中的作用；韩国城市住房建设，介绍韩国住房条件演化趋势、韩国土地与住房供给以及支持住房建设的韩国国民住宅基金；韩国地方公营企业，包括发展历程及现状、负债和经营状态以及地方政府可能承担的债务风险等。第 4 章对地方政府债务进行对比分析，首先对中韩两国的宏观情况进行对比，并进一步对比中韩两国的地方债务以及美日韩三国的地方债务情况。第 5 章是结论与启示，首先对韩国地方债务体系的不足进行讨论，提出韩国国内的改进方案，然后根据之前的讨论，给出对中国地方债务问题的启示。

第 2 章

韩国地方债务的基本情况

2.1 韩国的行政结构与地方自治

2.1.1 韩国的行政结构

在中央政府以下，韩国的地方政府可以分为 3 个层面（见图 2.1）。一级地方政府为“广域自治团体”（upper level local autonomy，광역자치단체），共 17 个实体，包括首尔特别市、世宗特别自治市这

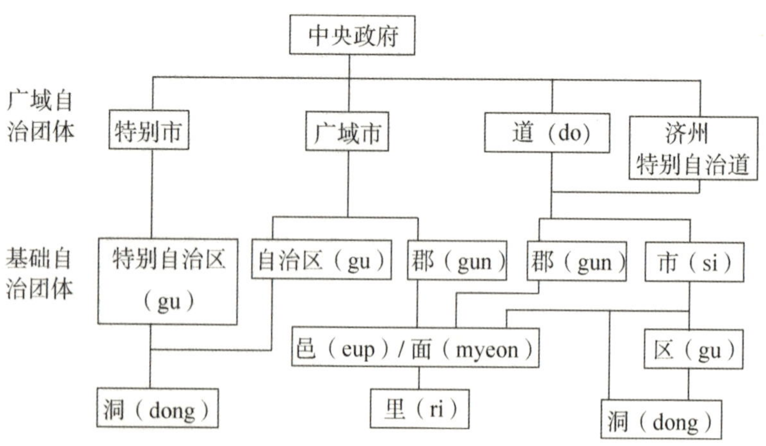

图 2.1　韩国的行政结构

两个特别市，6 个广域市（metropolitan city），8 个道及济州特别自治道[①]。其中，“广域市”包括釜山、大邱、仁川、光州、大田和蔚山；“道”包括京畿道、江原道、忠清北道（忠北）、忠清南道（忠南）、全罗北道（全北）、全罗南道（全南）、庆尚北道（庆北）和庆尚南道（庆南）。

二级地方政府为“基础自治团体”（lower level local autonomy，기초자치단체），包括“特别自治区”（gu）、“自治区”（gu）、“郡”（gun）和“市”（si）四种类型。特别市下仅辖特别自治区，广域市下辖自治区或郡，道和济州特别自治道下辖郡或市。人口数量较大、人口密度大的城市化地区（人口大于 15 万）的二级行政区称为“自治区”（位于首尔特别市、世宗特别自治市和广域市内）或“市”（位于道内）；“郡”则表示更偏向于乡村的一类地区。截至 2012 年 3 月，韩国全国有 73 个市、86 个郡和 69 个区。

再下一级的地方政府自治性较弱。首先是“邑”（eup）和“面”（myeon），两者均为郡或较小的市（小于 50 万人口）的下级政府，类似于镇；其中邑较大，人口数量下限为 60000，面较小，人口数量下限为 6000 人。邑和面的再下一级为“里”（ri），为最小级别的乡村政府；另外一个分支为“洞”（dong），洞是最小级别的城市政府机构，一般一个法定洞又可以分为几个行政洞。值得注意的是，城市可以直接划分为洞，但人口大于 50 万人的市可以设置“区”[②]，其下

---

① 为简化起见，书中有时称这 8 个道及济州特别自治道为“9 个道”。

② 注意，隶属于市的区与作为基础自治团体的自治区不同，前者是市的下级机构，后者则与市的等级相同，均为二级行政区。

辖洞等下级行政单位。

此外，在“洞”和“里”之下，各个地区仍可再划分为“统”和最基层的“班”，但在这些等级上已经不设置政府机构。

2.1.2 韩国的地方自治

韩国的地方自治起源于1949年颁布的《地方自治法》(*Local Autonomy Act*)，其确定了韩国整个地方政府系统(广域自治团体和基础自治团体两级地方自治团体)，并确定了地方政府的分权机制(包括一名由中央政府任命的行政长官和一个由当地选民选举出来的议会)。1952年，韩国举行了第一次地方议会议员选举。1960年爆发的“四月革命”促使民主党掌握政权，并对《地方自治法》进行了第五次修订，允许居民参与地方议员和地方行政长官的直选。1960年12月，上下两级地方政府的行政长官和议员全部在第三次地方选举中被选出。

1961年，韩国爆发军事政变，以朴正熙为首的军政府上台后，修改了《政府组织结构法》，颁布《关于地方自治的临时措施法》，终止了地方自治。1962年，第三共和国成立后，地方自治仍然没有恢复正常，1972年颁布的第四共和国宪法(即“维新宪法”)则明确规定在完成朝韩统一后再实施地方自治。全斗焕上台后，第五共和国放松了对地方自治的管制。1980年通过的新宪法规定，基于地方财政自足程度，地方议会应该恢复；同时将颁布新的法律确定地方议会恢复的具体时间表。但在第五共和国存续期间内，这一法律仍未出台。

1988 年卢泰愚任韩国总统后，大幅修订了《地方自治法》，从而使得韩国地方自治开始复兴；1991 年 3 月和 6 月，下级地方政府和上级地方政府议员选举分别重启；1994 年 3 月，金泳三政府再次修订《地方自治法》；1995 年 6 月，两级地方政府的行政长官和议员选举再次进行。

目前，韩国《地方自治法》第 9 条第 2 款规定地方政府的职责包括：(1)地方政府的立法、组织和行政管理等有关事务；(2)增进居民福利有关的事务；(3)增进农业、林业贸易和工业等产业的有关事务；(4)地方发展，为居民建造和管理公共设施的有关事务；(5)增进教育、体育、文化和艺术的有关事务；(6)环境保护有关的事务；以及(7)地方防御和战争的有关事务。不过该法律同时规定，在其他法律认可的情况下，中央政府可以运用其权力对地方行为进行控制，这削弱了地方政府的自治权。

韩国《地方自治法》第 10 条规定在广域自治团体和基础自治团体的事务之间不应重叠，广域自治团体的职责包括：(1)影响到两个以上下级地方政府的广域行政事务；(2)要求各个广域自治团体之间保持一致的事务；(3)具备地方独特性，要求与其他一些广域自治团体保持一致的事务；(4)有关中央政府和基础自治团体之间的沟通和协调的事务；(5)不应由基础自治团体独立管理的事务；以及(6)有关建造和管理公共设施的事务，这些公共设施的规模要求两个以上基础自治团体联合建造。基础自治团体则负责除上述以外的事务，超过 50 万人的市也能够管理一部分省级事务，例如医疗卫生、地方公营企业、住房以及规划。《地方自治法》还规定，广域自治团体和基础自治团体在地方事务中不应发生冲突，若发生冲突，基础自治团体默认具有优先权。

在地方自治团体内，韩国地方政府的治理结构为行政长官和地方议会两权分离，与美国相似。广域自治团体和基础自治团体的行政长官由当地直选，四年一届，最多可连任三届；广域自治团体的议会议员也通过直选产生，但基础自治团体议员的90％通过直选产生，剩下的10％则按照比例选择代表。政党可以在广域自治团体的行政长官和议员选举中提名候选人，进行选举造势活动，但不允许参与基础自治团体议员的选举活动。行政长官和地方议会的权力见表2.1。

表2.1 韩国地方议会与行政长官的职责分配

地方议会	行政长官
· 制定法令 · 审计和调查地方行政机构 · 审查并决定预算提案 · 批准结算 · 召集行政长官和官员至议会会议	· 公布法令 · 否决权 · 形成预算 · 提出法案 · 参加议会会议 · 要求召集特殊的议会会议 · 任命地方议会的行政官员

2.2 韩国地方财政体系

2.2.1 中央—地方财政概况

随着1988年《地方自治法》的修订，1991年的地方议会选举与1995年6月的地方自治团体行政长官选举，韩国地方政府在财政上也开始越来越独立，主要的财政分权措施如下（Kwon，2003）：(1)1988 年修订的《地方自治法》规定，地方政府不再是执行中央政府预算支出的机构，地方议会有权制定地方预算和地方法律（有一些限制），地方行政长官在人事和财政方面也有一定的裁量权。(2)中央政府不断地增加地方税收收入。例如，1989 年烟草消费税被划归为地方税种，使得地方税收占总税收的比重从 1988 年的 30%上升至 39%。(3)中央政府让地方自行决定居民税、城市规划税、机动车税和地区发展税税率（上述四个税种收入约占地方政府总税收的 35%），不过不同地方的税率基本一致，以避免本地居民迁移至其他地区。(4)在支出方面，各个地方也展开了激烈竞争，1986—1995 年之间，地方支出中“产业与经济”项目占比从 14.7%上升至 17.8%，表明各个地方均在吸引投资、提供就业方面投入越来越多的注意力。(5)政府间转移支付的变化也使得中央政府对地方的控制减少。1982 年以前地方政府获得的“地方交付税”占当地上缴国家税的比例是临时决定的，1982 年之后改为固定比例 13.27%；同时，资金的分配方法基于地方需求和地方财政收入的差额决定，因此地方政府能够对政府间转移支付进行可靠预测。(6)1991 年引入的地方税收转移是另外一项降低中央政府干预的改革，其资金来源为三种国家税，并且最初专项用于与地方道路维护有关的工程，之后在地方税收转移中附加的条款则放松了限制。(7)韩国的地方政府数目从 1991 年的 275 个下降至 1998 年的 250 个，合并的主要考虑是增强地方的财政实力。

目前，韩国的税收体系分为国家税和地方税两套体系，不设中央和地方共享税。截至 2012 年，划为国家税的税种有 14 种，包括：个人所得税、法人税（企业所得税）、继承税、赠予税、综合房地产持有税、附加价值税（增值税）、特别消费税、酒税、印花税、证券交易税、关税、交通能源与环境税、教育税、乡村发展特别税。划为地方税的税种有 11 种，分别是：取得税（取得动产和不动产产权的行为税）、登陆免许税、娱乐税、地方消费税、区域资源和设施税、地方教育税、居民税、财产税、汽车税、地方所得税以及烟草消费税。

1970 年以来，韩国地方税/国家税的比例呈上升趋势（见图 2.2）。1971 年，地方税总额为 398 亿韩元，国家税总额为 4531 亿

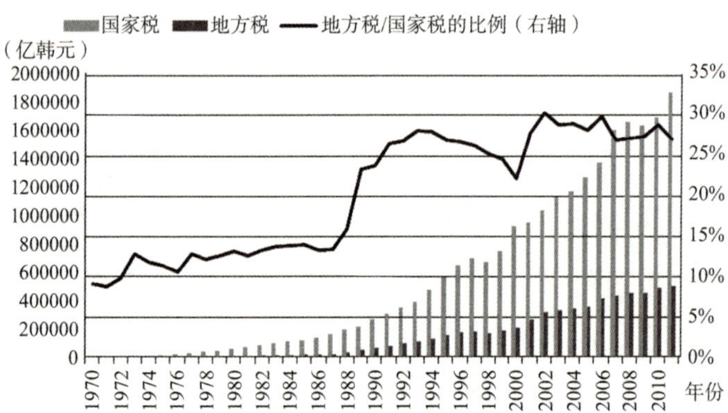

资料来源：韩国央行。

图 2.2　韩国国家税、地方税及地方税/国家税的比例

韩元，之间的比例为 8.78%；2011 年，地方税总额为 508130 亿韩元，国家税总额为 1876361 亿韩元，之间的比例达 27.08%。上述比例在 1997 年爆发亚洲金融危机和 2008 年爆发全球金融危机之后出现下降的情况。虽然，韩国国家税较韩国地方税仍占有绝对优势，但中央和地方所拥有的财政资源差距正在越来越小，地方税

收的重要性在增加。

韩国地方政府除地方税之外，还包括地方税外收入等多个收入渠道。从整个财政规模来看，地方政府所掌握的财政资源更为可观。表2.2显示，2011年韩国中央政府财政收入为2099103亿韩元，地方政府财政收入为1276640亿韩元，地方政府财政收入/中央政府财政收入为60.82%，显著高于两者的税收比例。同时可以观察到的趋势是，2004年以后地方政府财政收入/中央政府财政收入超过80%之后开始下降，且在2008年爆发全球金融危机之后下降更为显著。

表2.2　韩国中央、地方财政收入及地方财政收入/中央财政收入（亿韩元）

年份	中央财政收入	地方财政收入	地方财政收入/中央财政收入
2000	926022	576532	62.26%
2001	1020084	714607	70.05%
2002	1133800	845082	74.54%
2003	1196755	965039	80.64%
2004	1196447	972310	81.27%
2005	1364585	997142	73.07%
2006	1478668	1090904	73.78%
2007	1711721	1182428	69.08%
2008	1815858	1330400	73.27%
2009	2049475	1449206	70.71%
2010	2007058	1218960	60.73%
2011	2099103	1276640	60.82%

资料来源：《韩国行政安全部年鉴(2012)》。

在事权方面，中央政府的财政支出的主要项目有防卫费、教育费、社会开发费、经济开发费、一般行政费、地方财政交付金、债务还本付息、财政投融资支出等8大项;地方政府的财政支出的主要项目有一般公共行政,公共秩序及安全,教育,文化及观光,环境保护,社会福利,保健,农林海洋水产,产业及中小企业,运输及交通,国土及地域开发,科学技术,预备费和其他(即行政运营经费)等14项。由表2.3可知,韩国地方政府财政支出/中央政府财政支出的比例基本上均超过100%,说明中央政府对地方政府的转移支付较多,且地方政府实际支配的财力大于中央政府。

表2.3 韩国中央、地方财政支出及地方财政支出/中央财政支出(亿韩元)

年份	中央财政支出	地方财政支出	地方财政支出/中央财政支出
2000	587836	607549	103%
2001	653700	699327	107%
2002	707078	772918	109%
2003	1087542	894263	82%
2004	866986	1019363	118%
2005	917975	1075556	117%
2006	1018080	1143865	112%
2007	1140496	1244265	109%
2008	1277209	1396091	109%
2009	1389427	1608209	116%
2010	1427693	1519697	106%

资料来源:同表2.2。

2.2.2 韩国地方财政收入

在讨论韩国地方财政收入之前,首先需要明确韩国地方政府的财政结构。首先,韩国地方财政总体包括两大部分:一般地方财政和地方教育(见图2.3)。一般地方财政是地方政府日常运营、公共管理、基础建设等一系列事项的账户,而地方教育为单独的账户,每年单独核算,并接受中央政府的特别转移支付。由于地方教育的范围较窄,而且体系迥异,因此在讨论韩国地方财政时,通常讨论一般地方财政账户内的情况,因此若不特别说明,本书所说的地方财政指一般地方财政。在一般地方财政账户中又可分为一般会计账户和特别会计账户,其中特别会计账户可进一步细分为公营企业特别会计账户和其他特别会计账户。通常这两部分归于一处讨论,但当涉及不同会计账户时,将予以说明。

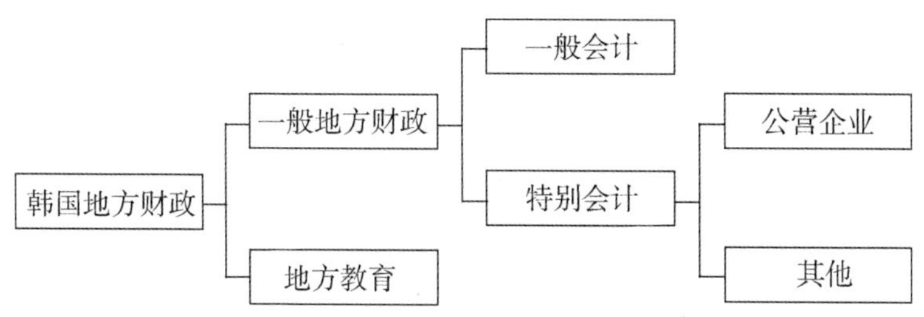

图2.3　韩国地方财政结构

韩国地方财政收入可以分为四大块,分别是地方税、地方税外收入、转移支付收入和地方债及预置金回收。表2.4展示了2007—2012年韩国地方财政收入及构成情况。2011年韩国地方政府总财政收入约为156.3万亿韩元,其中自身收入(包括地方税和地方税外收入)约87.2万亿韩元,占总财政收入的比重为55.8%;依存收入(即转移支付收入,包括地方交付税和国库辅助金两类)约62.6万亿韩元,占比为40.1%;通过地方债及预置金回收等途径获得收入约6.5万亿韩元，占比为4.1%。

表 2.4　2007—2012 年韩国地方财政收入格局(亿韩元)

科目	2007年	2008年	2009年	2010年	2011年	2012年
总计	1280366	1444536	1567029	1497797	1562568	1510950
自身收入	780526	840663	863669	851806	871958	858913
其中:地方税	407054	450890	451914	493075	508130	537953
地方税外收入	373472	389774	411755	358731	363828	320960
依存收入	464493	566491	605542	589722	625827	612641
其中:地方交付税	245341	306787	280998	276720	304665	292159
国库辅助金	219152	259703	324545	313002	321162	320482
地方债及预置金回收	35347	37382	97817	56270	64783	39396

注:2007—2011年为决算额,2012年为初步预算额。
资料来源:《地方政府预算概要(2012)》。

表2.5展示了2012年分地区的韩国地方财政收入及构成情况,可知韩国地方政府自身收入在总财政收入中的占比为47.42%,依存收入占总财政收入的比重为49.95%,通过地方债及预置金回收筹得资金的占比约为2.62%。分地区看,首尔特别市的自身收入满足财政所需的比例最高,达76.38%;广域市(釜山、大邱、仁川、光州、大田和蔚山)的自身收入占比平均为50.89%,道(京畿、江原、忠北、忠南、全北、全南、庆北、庆南及济州)的自身收入占比平均为39.45%,表明城镇化程度更高的地区的自身收入在其总财政收入中份额更大。首尔特别市的依存收入占比仅为21.41%,为全国最低;广域市的平均依存收入占比为45.52%,道的平均依存收入占比为58.1%,表明城镇化程度更高的地区对转移支付的依

赖程度显著低于城镇化程度更低的地区。若观察总财政收入中地方债及预置金回收所占比例，首尔特别市的比例约为2.21%，广域市的平均比例为3.59%，道的平均比例为2.40%，表明城镇化程度更高的地区通过债务融资的比例更大，但首尔特别市的这一比例并不高，因为其财政自给率较高。

表2.5 2012年分地区的韩国地方政府预算收入格局(亿韩元)

市都	总规模*	自身收入			依存收入		地方债及预置金回收	
		地方税	地方税外收入	占比	金额	占比	金额	占比
合计	1989118	537953	405341	47.42%	993616	49.95%	52208	2.62%
首尔	300160	146519	82735	76.38%	64266	21.41%	6639	2.21%
釜山	111895	32116	20470	47.00%	55580	49.67%	3730	3.33%
大邱	76613	20310	14465	45.39%	39384	51.41%	2454	3.20%
仁川	104268	31966	32065	61.41%	36156	34.68%	4081	3.91%
光州	45803	11256	7322	40.56%	25447	55.56%	1778	3.88%
大田	42024	12759	7749	48.80%	20204	48.08%	1313	3.12%
蔚山	36611	13378	8503	59.77%	13125	35.85%	1605	4.38%
京畿	376612	132432	99888	61.69%	132864	35.28%	11429	3.03%
江原	95407	12589	12771	26.58%	68478	71.77%	1569	1.64%
忠北	78400	12949	11694	31.43%	52107	66.46%	1651	2.11%
忠南	118152	21480	19129	34.37%	74809	63.32%	2734	2.31%
全北	108396	13780	13385	25.06%	79125	73.00%	2104	1.94%
全南	136796	14216	16827	22.69%	103546	75.69%	2207	1.61%
庆北	166919	22312	27470	29.82%	114573	68.64%	2563	1.54%
庆南	160299	34129	26189	37.63%	94795	59.14%	5186	3.24%
济州	30763	5762	4679	33.94%	19159	62.28%	1164	3.78%

注：*此处的总规模包括广域自治团体对基础自治团体的转移支付，由于存在一定的重复计算，因此此处的总规模较表2.4更高。另外，尚未将世宗特别自治市单独予以统计，余表同。

资料来源：《地方政府预算概要(2012)》。

为对韩国地方政府财政收入的几大部分做更加深入的了解，

下文针对地方税、地方税外收入、转移支付收入几大部分分别论述，对地方债则将单独重点阐释和分析。

1. 地方税

1980—2012年间，韩国地方税收从7677亿韩元增长至537953亿韩元（见表2.6），年均复合增长率约为14.2%，远大于这段时间内的GDP增长率。在这32年内，地方税收快速增长的时期有两段：一为1988—1996年，主要原因是《地方自治法》修订后中央向地方政府实行财政分权，并将烟草消费税等划为地方税；一为1999—2002年，主要原因是亚洲金融危机后的强势反弹（见图2.4）。与之对应的是，亚洲金融危机期间（1997—1998年）和全球金融危机后（2012年后）地方税收出现低增长甚至负增长，主要原因为金融危机造成实体经济增速下滑，且危机后政府进行一系列财政调整（主要是2008年爆发全球金融危机后的减税措施）。

表2.6　2007—2012年分地区的韩国地方税（亿韩元）

市都	2007年	2008年	2009年	2010年	2011年	2012年	年均复合增长率（%）
合计	435315	458351	450565	500799	508130	537953	4.32
首尔	118858	129874	119941	128565	131665	146519	4.27
釜山	25808	25941	27397	30615	32271	32116	4.47
大邱	15809	16277	15734	18186	19008	20310	5.14
仁川	22072	22819	23601	24288	29355	31966	7.69
光州	8772	9017	9761	10771	11195	11256	5.11
大田	10223	10649	10001	11627	12756	12759	4.53
蔚山	10401	11271	10602	12305	13035	13378	5.16
京畿	114645	117161	117233	128797	120532	132432	2.93
江原	10979	10745	10650	12225	12151	12589	2.77
忠北	10772	11029	10949	13103	12848	12949	3.75

（续表）

市都	2007 年	2008 年	2009 年	2010 年	2011 年	2012 年	年均复合增长率(%)
忠南	16575	17395	17935	20970	21603	21480	5.32
全北	10154	11266	10913	12876	13161	13780	6.30
全南	11276	12494	12883	14343	15046	14216	4.74
庆北	18675	19150	20018	22204	23144	22312	3.62
庆南	25652	28812	28801	34709	34874	34129	5.88
济州	4471	4451	4146	5215	5485	5762	5.20

注：2007—2010 年为决算额，2011 年为最终预算额，2012 年为初步预算额。
资料来源：《韩国地方税统计年度报告(2012)》。

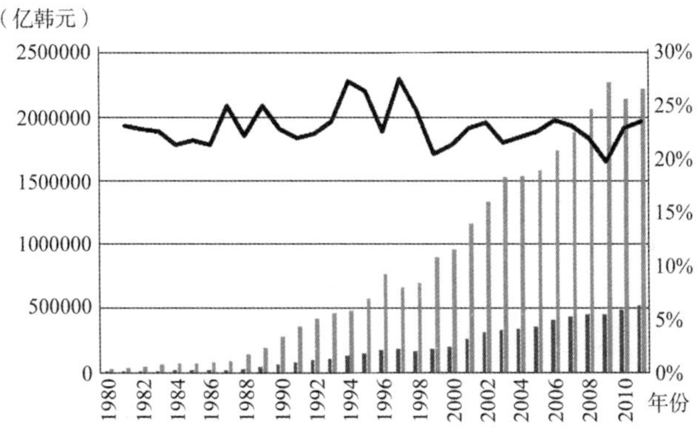

资料来源：《韩国地方税统计年度报告(2012)》。

图 2.4　韩国地方税及其占地方政府总财政收入的比重(1980—2011 年)

根据表 2.6 中的数据，分地区来看，首尔特别市 2012 年的地方税占全国地方税的比重约为 27.24%，超过 6 个广域市之和(22.64%)，剩余 9 个道的地方税占比达 50.13%(其中京畿道占比达 24.62%)；2007—2012 年间，地方税的年均复合增长率为4.32%，最快的地区为仁川(7.69%)，最慢的地区为江原道(2.77%)。

截至 2012 年，韩国地方税共有 11 个税种，按行政级别分为市都税和市郡区税[①]两个层次，主体分别对应着广域自治团体和基础自治团体；按征收用途分为一般税和目的税。其中，市都税包括取得税、登录免许税、娱乐税、地方消费税、区域资源和设施税及地方教育税（区域资源和设施税及地方教育税为目的税）等 6 个税种；市郡区税包括居民税、地方所得税、财产税、汽车税、烟草消费税等 5 个税种。图 2.5 为韩国地方税结构示意图。按照同一行政级别内不同性质的行政单元，市都税又分为特别广域市税、都税和特别自治都税（分别对应首尔及 6 个广域市、8 个道及济州特别自治道）；市郡区税又分为市税、郡税和自治区税（见表 2.7）。

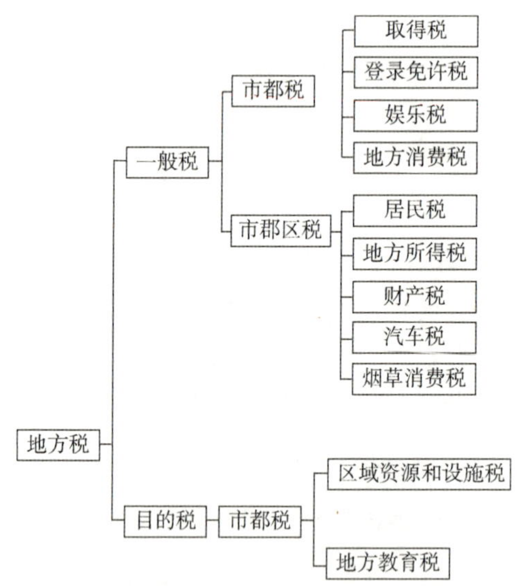

资料来源：《韩国地方税统计年度报告(2012)》。

图 2.5 韩国地方税结构

① 韩国有六个不属于都一级政府管辖的城市，其税收与市都税和市郡区税有略微的区别，在此不再赘述。

表 2.7　2012 年韩国地方税结构(分税种)

		总计	市都税			市郡区税			占比(%)
			特别广域市税	都税	特别自治都税	市税	郡税	自治区税	
总计		537953	226971	138918	5762	108841	19426	38036	100
一般税	小计	472164	197026	106748	4914	106652	19182	37642	87.8
	取得税	147971	69112	77417	1441	—	—	—	27.5
	登录免许税	11762	173	6178	105	—	—	5306	2.2
	居民税	3100	1022	—	33	1427	330	288	0.6
	财产税	84241	17690	—	696	30862	4331	30663	15.7
	汽车税	65036	28125	—	671	29371	6870	—	12.1
	娱乐税	10696	3378	6723	596	—	—	—	2
	烟草消费税	27822	11935	—	386	12610	2890	—	5.2
	地方消费税	29586	12660	16430	496	—	—	—	5.5
	地方所得税	91950	52931	—	490	32382	4761	1385	17.1
目的税	小计	58293	26735	30606	794	158	—	—	10.8
	区域资源和设施税	7926	3723	3985	60	158	—	—	1.5
	地方教育税	50367	23012	26621	734	—	—	—	9.4
	跨年度收入	7497	3210	1564	54	2031	243	394	1.4

资料来源:《韩国地方税统计年度报告(2012)》。

在上述税种中,一般税中值得注意的是取得税、财产税、汽车税和地方所得税,其比例占地方总税收的 72.4%(根据表 2.7)。取得税是指对个人取得(包括购买或继承)房地产、机动车、重机械、树林、船只、飞机、高尔夫会籍等权利时征收的税种;财产税是指对土地、建筑物、房屋、船只和飞机的持有者按照持有上述财产现有价值的一定比例所征收的税种;汽车税的征收对象为机动车车主,每年分两个纳税区间,具体税额由机动车的种类决定;地方所得税的征收对象则为需要支付个人所得税、企业所得税和农地税的纳税人以及雇用雇员的个人。目的税则为具有某种特殊目的导向的税收。区域资源和设施税中的区域设施税的征收对象为受益于消防设施、垃圾处理系统、排水设施及其他设施的人,税基为房屋或船只的价值;区域资源税则针对水资源、地下资源、集装箱和核能征税。地方教育税的征收对象为支付登陆免许税、娱乐税、居民税、财产税、烟草消费税和汽车税的纳税人,在上述税收的基础上缴纳一定比例作为地方教育税,专项用于地方教育。

根据表2.8中的数据,分层次而言,2007—2012年间,市都税占地方总税收的平均比重为68.43%,市郡区税平均占比为31.57%,可知由广域自治团体征收的税收占地方税的主体;不过,在同一时间段内,市郡区税的年均复合增长率为4.71%,高于市都税的年均复合增长率(4.16%)。

表2.8 2007—2012年分层次地方税增长趋势(亿韩元)

科目	2007年	2008年	2009年	2010年	2011年	2012年	年均复合增长率(%)
地方税(总计)	435315	458351	450565	500799	508130	537953	4.32
市都税	303183	312486	306307	344056	340777	371650	4.16
市郡区税	132132	145865	144259	156743	167353	166303	4.71

注:2007—2010年为决算额,2011年为最终预算额,2012年为初步预算额。
资料来源:《韩国地方税统计年度报告(2012)》。

2. 地方税外收入

除地方税外，地方税外收入也是韩国地方财政的主要收入来源之一。2012 年地方税外收入的规模达到地方税收的 59.66%，是地方财政的重要组成部分。从 1975—2011 年的发展趋势来看，1997 年爆发亚洲金融危机前地方税外收入一度超过总财政收入的 50%，但亚洲金融危机后地方税外收入的占比一路下滑，至 2011 年仅为 26%，2011 年比 1997 年下降了近 28 个百分点（见图 2.6）。这说明韩国地方财政正在逐步税收化，地方税外收入的重要性呈下降趋势。

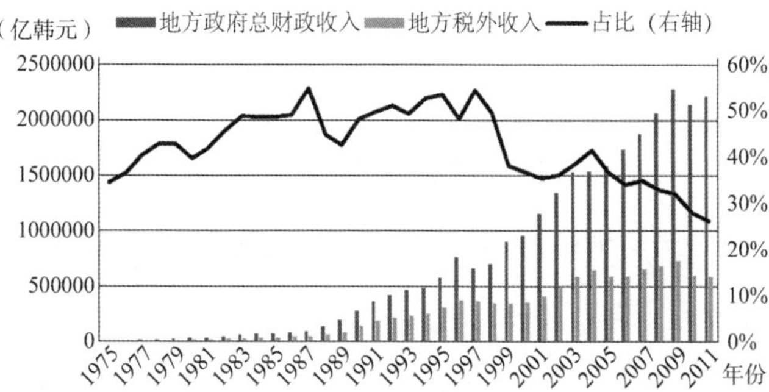

资料来源：韩国地方税外收入年度报告(2012)。

图 2.6　韩国地方政府总财政收入、地方税外收入及其占比(1975—2011 年)

如表 2.9 所示，从一般会计账户来看，地方税外收入分为经常性收入与临时性收入：经常性收入包括财产租赁收入、使用费、手续费、事业场收入[①]、征收交付金及利息收入等六项，其中，利息收

① 根据韩文翻译而来，事业场可以理解为“营业场所”的意思，事业均收入即从各类营业均所收取的费用。

入和征收交付金的规模最大；临时性收入包括财产处置收入、纯岁计剩余金、移越金、转入金、融资金收入、预托金及预收金、负担金、杂项收入及前年度收入等。值得注意的是，韩国地方税外收入的一般会计账户中，临时性收入占绝大部分，2007—2011 年经常性收入占比平均仅为 13.25%，原因在于在临时性收入中纯岁计剩余金和移越金两项规模庞大，占一般会计账户地方税外收入的平均比重超过 60%。纯岁计剩余金是指地方税决算时超出预算的部分（主要原因是韩国中央政府经常对地方税和地方税外收入进行改革，增加地方财政收入并超出地方预期）；而移越金是指从上一年度留存的收入，但相比之下后一年的移越金规模也相仿，因此移越金收入对地方而言意义并不大。也就是说，韩国地方政府的地方税外收入对韩国地方财政的影响没有表面上那么大，部分地方税外收入体现为经常性的年度转移，部分地方税外收入的实质是税收，经常性收入和杂项收入之和[①]仅占一般会计账户地方税外收入的 18%（2007—2011 年平均）。

特殊会计账户的地方税外收入也较高，占所有地方税外收入的平均比重达 47%。但这部分并不归地方政府直接使用，主要体现为地方公营企业收费和其他费用，在此不再深入讨论。

---

① 临时性收入中的杂项收入被认为是典型的非税收入，因此将其与作为非税收入的经常性收入相加，而临时性收入中的其他收入实质上更多是税收收入。

表 2.9 分会计账户、分项目、分年度的韩国地方税外收入(百万韩元)

			2007 年	2008 年	2009 年	2010 年	2011 年
总计			65734838	67947818	72906399	59877959	58330065
一般会计账户	小计		34243922	36939533	40851023	30520401	28234980
	经常性收入	小计	4381390	4885149	4740812	4231322	4398497
		财产租赁收入	202758	211126	211722	232354	239682
		使用费	732425	826817	890165	951107	977387
		手续费	855473	871921	883003	907925	932435
		事业场收入	396193	397604	649590	495234	507707
		征收交付金	996393	1090325	1022143	1040359	1090235
		利息收入	1198148	1487356	1084189	604343	651051
	临时性收入	小计	29862532	32054384	36110211	26289079	23836483
		财产处置收入	1099846	1035154	1261724	1039165	1006770
		纯岁计剩余金	8252864	9508579	9007329	6316917	5819862
		移越金	16481912	17212289	20251858	13652718	12391148
		转入金	1066521	977144	1437458	1151698	1197090
		融资金收入	35747	46148	47873	57491	62263
		预托金及预收金	327885	331995	485124	390039	305881
		负担金	1023743	1290041	1752403	1053333	941768
		杂项收入	1103299	1425708	1563183	2287194	1783877
		前年度收入	290715	227326	303259	340524	327824
特别会计账户	小计		29264797	31490916	32055376	29357558	30095085
	事业收入(其他)		16144718	17125970	17696870	15940415	1684522
	事业外收入(公营企业)		13120079	14364946	14358506	13417143	13249856

注:韩国的统计中有"纯计"和"总计"两种概念,本表中为"总计"数据,而表 2.4 中为"统计"数据,因而数值上有一定差异。

资料来源:《韩国地方税外收入年度报告(2012)》。

3. 转移支付收入

地方税和地方税外收入统称为韩国地方政府的自身收入,

2012年这部分在韩国地方财政收入中占比大约为47%，在韩国地方政府的其他收入中，很大一部分来源于转移支付收入。1975—2011年间，韩国地方政府的转移支付收入规模从2800亿韩元增加至111.3万亿韩元，年均复合增长率为18.1%。[①] 从占总财政收入的比重来看，韩国地方政府的转移支付收入经历了两个阶段：1975—1997年的迅速下降阶段及1998年至今的逐渐增加阶段（见图2.7）。在第一个阶段中，转移支付收入占总财政收入的比重从41%下降至20%以下，1997年甚至达到17%的水平，原因在于：韩国当时处于中央政府逐渐放权的阶段，对地方的财政补足主要从地方税等角度进行，因此转移支付收入的重要性有所下降；1997年亚洲金融危机爆发后，韩国经济遭受重创，中央政府也缺乏进行转

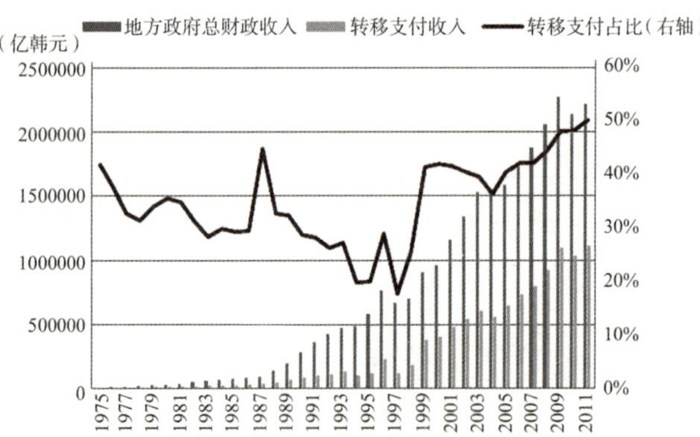

资料来源：《韩国地方税外收入年度报告（2012）》。

图2.7 韩国地方政府总财政收入、转移支付收入及转移支付占比（1975—2011年）

---

① 111.3万亿韩元是2011年韩国各级地方政府获得的转移支付收入的总额，因为包括广域自治团体对基础自治团体的转移支付，因而总额高于表2.4中2011年地方政府作为整体从中央政府获得的约62.6万亿韩元转移支付收入，其数据来源一致。1975年的转移支付收入规模来自《韩国税外收入年度报告2012》。

移支付的资金，因此转移支付收入占总财政收入的比重创历史新低。在第二个阶段中，转移支付收入的比重逐渐恢复至 50%以上，说明韩国在经历了 1997 年爆发的亚洲金融危机后逐渐加强了转移支付机制，中央政府对地方经济的控制力逐渐增加。

韩国的转移支付分为“中央—地方”和“地方—地方”(即广域自治团体向基础自治团体进行转移支付)两个层次，下文分别介绍。

(1)“中央—地方”转移支付。

目前韩国中央政府对地方政府的转移支付可以分为两大项，即地方交付税和国库辅助金，概要见表 2.10。

如表 2.10 所示，地方交付税可分为普通交付税、特别交付税和分权交付税，总额为当年国家税的 19.24%[①]。从转移支付的资金来源即财源构成来看，分权交付税为国家税的 0.94%，并于 2005—2014 年间进行分配；除分权交付税外，普通交付税为地方交付税剩余部分的 96%，特别交付税为剩余部分的 4%。在用途方面，分权交付税和普通交付税并不规定用途，直接归入政府的一般预算内；特殊交付税则可以指定用途和赋予条件。在具体的分配方法方面，普通交付税的分配基于地方的财政需求额与财政收入额的差额，将资金按能力和需求的差值进行分配；特别交付税则更为机动，主要为了应对灾害及其他特殊事件；分权交付税则综合了经常性和非经常性事务进行考量。

国库辅助金则更为综合，其目的是为了补偿地方政府为中央

① 这一比例在不断增长中，1981 年为 13.29%。

政府完成的某项功能，规模并不事先固定，而是由当年中央预算（包括一般会计账户和特别会计账户）决定，并按照中央政府的不同部门进行分类。国库辅助金的性质为特定目的财源，因此资金的使用会指定用途与条件。国库辅助金的条件包括：(1)地方政府为中央政府承担了某些行政功能；(2)地方事务需要改善；(3)中央政府认为该项辅助金必要；(4)地方政府的某项工程对中央政府同样有益。国库辅助金分为三类：交付金、国库负担金、协议的国库辅助金。交付金专门用于应对自然灾害及建设其他公共设施；国库负担金仅用于支付地方承担选举及征兵等国家功能的支出；协议的国库辅助金则用于鼓励地方政府承担某些工程项目。

表 2.10　韩国“中央—地方”转移支付概要

科目	地方交付税	国库辅助金
依据法令	《地方交付税法》	《辅助金的预算及管理法》
财源构成	国家税的 19.24％ ·普通交付税：除分权交付税外的地方交付税总额的 96％ ·特别交付税：除分权交付税外的地方交付税总额的 4％ ·分权交付税：国家税的 0.94％(2005—2014 年间分配) (注：不动产交付税另行运营)	国家一般会计账户或特别会计账户的预算
用途	·普通、分权交付税：没有指定用途，由地方自治团体一般预算所使用 ·特别交付税：可以指定用途，可以赋予条件	指定用途与条件，由特定目的财源所运用

（续表）

分配方法	• 普通交付税：分团体计算基准财政收入额与基准财政需求额，之后以财政不足额为基准分配 • 特别交付税：对于地域悬案、灾害对策、时策需要事业、综合审查事业等，分事业、分时策交付 • 分权交付税：经常性需要与非经常性需要的合计额	分相关部门，考虑中长期事业计划等，根据每年政府预算决定
性质	• 普通、分权交付税：一般财源（自主财源性质） • 特别交付税：一般财源（特定事业）	特定目的财源（依存财源性质）

资料来源：作者整理而得。

与转移支付总额的变化趋势类似，韩国“中央—地方”转移支付自 1997 年之后开始迅速增长，且增长最快的部分是国库辅助金

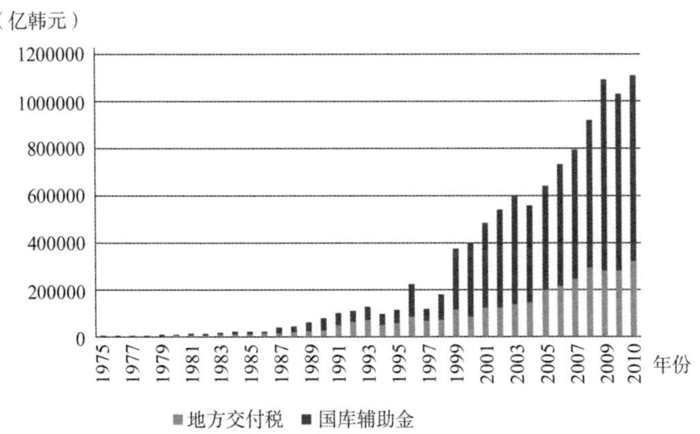

资料来源：《地方政府预算概要(2012)》。

图 2.8　韩国中央—地方转移支付构成(1975—2011 年)[①]

① 2005 年韩国对中央—地方转移支付体系进行了较大的改革，废除了原来的地方让与金(local transfer tax)，在地方交付税中增加了分权交付税。

部分(见图 2.8)。根据韩国《地方政府预算概要(2012)》中的数据,1997—2011 年,国库辅助金的年均复合增长率为 21%,地方交付税则为 11%;1997 年,地方交付税为国库辅助金的 135%;2011 年,地方交付税仅为国库辅助金的 40%。因此,国库辅助金在韩国“中央—地方”转移支付体系中的地位越来越重要,已经成为主要的转移支付手段,并替代地方交付税成为向地方转移财力的主要渠道,原因可能是在韩国进行政治等其他分权后,由中央政府把握财政能够较为有效地控制地方政府的行为。

分地区来看,首尔特别市的财政收入对中央政府转移支付的依赖最小,仅为 11.82%;6 个广域市对中央政府转移支付的依赖程度平均为 36.40%,远高于首尔特别市的水平;而其他 9 个道的平均依赖程度达 51.51%(见表 2.11)。这说明经济发达的城市化地区更不依赖中央政府的支援,但整体的依赖程度依然较高。

表 2.11 2012 年分地区的韩国“中央—地方”转移支付额(亿韩元)

	收入总规模	中央政府转移支付		占比
		地方交付税	国库辅助金	
合计	1989118	292159	550241	42.35%
首尔	300160	2293	33184	11.82%
釜山	111895	11535	33799	40.51%
大邱	76613	9825	23239	43.16%
仁川	104268	4712	22825	26.41%
光州	45803	6237	14666	45.64%
大田	42024	4273	11114	36.61%
蔚山	36611	2058	7580	26.33%
京畿	376612	18347	81044	26.39%
江原	95407	30098	33701	66.87%

（续表）

	收入总规模	中央政府转移支付		占比
		地方交付税	国库辅助金	
忠北	78400	19793	27052	59.75%
忠南	118152	25282	42766	57.59%
全北	108396	30086	42945	67.37%
全南	136796	40109	57878	71.63%
庆北	166919	47261	57719	62.89%
庆南	160299	30943	50880	51.04%
济州	30763	9309	9850	62.28%

资料来源：《地方政府预算概要(2012)》。

（2）“地方—地方”转移支付。

韩国广域自治团体对基础自治团体的转移支付分为市都辅助金、调整交付金及财政保障金三种类型，财政保障金又分为一般财政保障金、时策促进保障金和特别财政保障金三类，表 2.12 对之进行了简要介绍。市都辅助金的资金来源为广域自治团体当年一般会计账户和特别会计账户的预算，类似于中央对地方的国库辅助金，其用途是指定的，因此主要用于补偿基础自治团体承担的某些上级政府的功能。调整交付金和财政保障金类似于中央对地方的地方交付税，一般为地方某些税种的固定比例，且其使用一般不设特定目的，因此是下级地方政府较为稳定的财政收入。调整交付金为取得税的一定比例（各个广域自治团体不同），分配方法类似于地方交付税，即以基础自治团体的财政需求额与财政收入额的差额作为基准；财政保障金的资金来源亦为上级地方政府的税收，分配标准为下级地方政府的人口、征收实绩、当年市郡的财政情况及总统令制定的基准。

表 2.12 韩国"地方—地方"转移支付概要

科目	市都辅助金	调整交付金	财政保障金
依据法令	·《地方财政法》第23条第2款:市都可以在必要时或者市、郡、自治区的财政情况特别需要时,在预算范围内给市、郡、自治区交付辅助金 ·根据《地方财政法施行令》第29条第5款及第17条第1款的规定,对于地方自治团体的辅助金的支出的交付申请、交付决定及使用等,其必要事项依当年地方自治团体的条例而定	·《地方自治法》第173条:特别市长或广域市长应确保市税收入中的一定额根据制定的条例调整地方自治团体管辖区域内的自治区相互间的财源 ·根据《地方自治法施行令》第117组法的规定,自治区相互间的调整财源为相应市税中的取得税,在制定的自治区相互间的财源调整方法的条例中应包括调整交付金的交付率、算定方法及交付时期等	·《地方财政法》第29条第1款:市都的行政长官(特别市长除外)要将在市、郡、自治区征收的广域市税、道税(核能发电、特定不动产的区域资源和设施税及地方教育税除外)的总额及地方消费税的27%(人口50万以上的市或设置非自治区的区的市则是47%)的金额确保为对于市、郡、自治区的财政保障金,并根据人口、征收实绩和当年市、郡、自治区的财政情况及总统令制定的基准,分配至当年市都(特别市除外)管辖区域内的市、郡、自治区。
财源构成	市都的一般会计账户或者特别会计账户	·特别市、广域市税的取得税的一定额 首尔50%,釜山55%,大邱56%,仁川40%,光州70%,大田56%,蔚山58%	在市、郡、自治区征收的广域市税、道税(核能发电、特定不动产的区域资源和设施税及地方教育税除外)的总额及地方消费税的27%(人口50万以上的市或设置非自治区的区的市则是47%)

（续表）

		·以一般交付金与特别交付金形式运用 特别交付金：首尔10%，釜山10%，大邱10%，仁川10%，光州10%，大田10%，蔚山10%	·一般财政保障金：90% ·时策促进保障金：10% ·特别财政保障金（京畿道）
用途	充当特定支援对象的事业的财政需求（用途指定）	无指定用途，作为基础自治团体的一般财源使用	无指定用途，作为基础自治团体的一般财源使用（时策促进保障金用于市长、郡首邀请的事业或者行政长官认为有必要的事业）
分配方法	按事业优先排名进行支援	分基础自治团体，分析基准财政收入额与基准财政需求额，之后以财政不足额为基准分配	根据人口、征收实绩、当年市、郡、自治区的财政情况及总统令制定的基准分配

表2.13显示了2007—2012年广域自治团体对基础自治团体的转移支付额，数据显示2008年全球金融危机爆发后，“地方—地方”转移支付额迅速增加，至2011年总额达164397亿韩元，自2007年以来的年均复合增长率为4.3%。根据表2013中的数据，分结构来看，市都辅助金为增长的主要力量，2007—2011年的年均复合增长率为7.6%，占“地方—地方”转移支付额的比重从2007年的49.6%增长至2011年的56.1%，达92124亿韩元。2012年的初步预算显示，广域自治团体对基础自治团体的“地方—地方”转

移支付将出现下降，但是从初步预算到最终预算中，转移支付额一般会被提高，因此仍不能确定韩国“地方—地方”转移支付的发展趋势。

表 2.13　2007—2012 年韩国“地方—地方”转移支付额（亿韩元）

年份	总计	市都辅助金	交付金
2007	138556	68657	69899
2008	146870	79716	67154
2009	159029	93106	65923
2010	155678	86609	69068
2011	164397	92124	72273
2012	151216	84847	66369

注：2007—2011 年为最终预算额，2012 年是初步预算额；交付金包括调整交付金和财政保障金。

资料来源：《地方政府预算概要(2012)》。

如表 2.14 所示，分团体来看，2012 年特别市下辖的特别自治区获得的转移支付额为 28789 亿韩元，占总额的 19%，表明特别自治区的重要性较高；6 个广域市对下级基础自治团体的转移支付额为 38033 亿韩元，占总额的 25.2%，其中绝大多数流向了下辖的自治区，小部分的接收方为郡；[①]9 个道的转移支付额为 84394 亿韩元，占总额的比重为 55.8%，是韩国“地方—地方”财政转移支付的主力，其中绝大部分转移支付给道下辖的市，郡所获的转移支付额不足市的 1/3。可能的原因是经济更发达的城市化地区(市)缴纳的市都税较多，因此通过转移支付返回的税收也多。

在市都辅助金中，特别自治区获得的份额为 14.3%，广域市的

---

① 并不是所有广域市均下辖郡，因此郡的数目较少，这是郡获得转移支付较少的重要原因。

基础自治团体(郡和自治区)获得的份额为 26.2%,道下辖的基础自治团体(市和郡)获得的份额为 59.5%;在交付金中,特别自治区获得的份额为 25.1%,广域市的基础自治团体(郡和自治区)获得的份额为 23.8%,道下辖的基础自治团体(市和郡)获得的份额为 51.1%(见表 2.14)。

表 2.14　2012 年韩国"地方—地方"转移支付结构(亿韩元)

科目		总计	构成比	市都辅助金	构成比	交付金	构成比
总计		151216	100%	84847	100%	66369	100%
特别市	区	28789	19%	12148	14.3%	16641	25.1%
广域市	小计	38033	25.2%	22224	26.2%	15809	23.8%
	郡	3161	2.1%	2289	2.7%	873	1.3%
	自治区	34872	23.1%	19935	23.5%	14936	22.5%
道	小计	84394	55.8%	50475	59.5%	33920	51.1%
	市	64063	42.4%	34567	40.7%	29495	44.4%
	郡	20332	13.4%	15908	18.7%	4424	6.7%

注:交付金包括调整交付金和财政保障金。
资料来源:《地方政府预算概要(2012)》。

2.2.3　韩国地方政府预算支出

韩国地方政府的预算支出可分为 14 项,分别为一般公共行政,公共秩序及安全,教育,文化及观光,环境保护,社会福利,保健,农林海洋水产,产业及中小企业,运输及交通,国土及地域开发,科学技术,预备费和其他(即行政运营经费)。根据表 2.15 中的数据,从结构来看,韩国地方预算支出中占比最大的为社会福利支出,占总预算支出的 24.63%;其他较为重要的支出项包括一般公共行政、环境保护和行政运营经费,占比分别为 11.95%、10.20%和 10.77%。其他占比超过 5%的支出还包括教育、农林海洋水产、运输及交通、国土及地域开发。

表 2.15　2011—2012 年韩国地方政府预算收入和预算支出(亿韩元)

科目		2012 年	2011 年
收入	小计	1989118	2061155
	1. 地方税	537953	508130
	2. 地方税外收入	405341	440058
	3. 地方交付税	292159	304665
	4. 调整交付金及财政保障金	66369	72273
	5. 辅助金	635088	652229
	国库辅助金	550241	560104
	市都辅助金	84847	92124
	6. 地方债及预置金回收	52208	83800
支出	小计	1989118	2061155
	1. 一般公共行政	237719	255709
	2. 公共秩序及安全	36831	39048
	3. 教育	101657	97556
	4. 文化及观光	90651	102909
	5. 环境保护	202984	216573
	6. 社会福利	489977	477475
	7. 保健	29388	29480
	8. 农林海洋水产	150937	164084
	9. 产业及中小企业	41551	45714
	10. 运输及交通	191139	212875
	11. 国土及地域开发	166325	186465
	12. 科学技术	5209	5062
	13. 预备费	30591	23949
	14. 其他(行政运营经费)	214159	204254

注:2012 年为初步预算额,2011 年为最终预算额。

资料来源:《地方政府预算概要(2012)》。

根据表 2.16 中的数据,分地区来看,首尔特别市预算支出占总地方政府预算支出的 15.09%,6 个广域市占比为 20.97%,剩余 9 个道的预算支出占比为 63.94%;政策事业是地方政府支出的主要部分，首尔特别市政策事业占当地总预算支出的比重为 75.64%，6 个广域市的平均比重为 77.43%，9 个道的平均比重为 82.29%，说明经济更为发达的城市化地区的支出更不偏向于传统的政策性支出；财务活动所需要的支出中，首尔特别市的该项支出占比为 13.00%，6 个广域市为 15.50%，9 个道为 8.21%，说明经济更为发达的城市化地区有更大一部分支出需要用于还本付息等，而更偏向于乡村的地区的财政进行债务融资较少，因此财务费用也低；行政运营经费中，几类广域自治团体的支出占比基本一致，表明其行政运行负担差别不大。

表 2.16 2012 年分地区的韩国地方政府预算支出结构（亿韩元）

市都	总规模	政策事业			财务活动	行政运营经费
		小计	辅助事业	自身事业		
合计	1989118	1601160	879000	722160	175590	212368
首尔	300160	224030	76137	147893	39010	37121
釜山	111895	81135	46778	34357	18799	11962
大邱	76613	57635	35145	22491	10295	8682
仁川	104268	84445	42056	42389	10408	9415
光州	45803	36723	24218	12506	4187	4893
大田	42024	34404	19909	14494	2286	5335
蔚山	36611	28689	15250	13439	4087	3834
京畿	376612	306069	132171	173899	37155	33388
江原	95407	77372	50478	26894	6297	11738
忠北	78400	66620	40683	25937	2948	8833
忠南	118152	99660	67469	32191	6483	12008
全北	108396	93032	63489	29543	3808	11556
全南	136796	117609	81424	36185	4454	14733
庆北	166919	135775	89085	46690	13066	18078
庆南	160299	134530	80567	53963	9411	16357
济州	30763	23431	14142	9289	2897	4436

资料来源：《地方政府预算概要(2012)》。

2.3 韩国地方债务现状

上文介绍了韩国的地方自治体制及地方财政体制，并对地方财政的几大来源进行了较为详尽的分析。本章详细讨论地方政府通过债务对地方财政进行融资的行为，关注韩国地方债务的流量、存量、存在形式和分布等内容，试图描绘韩国地方债务的整体面貌。根据韩国行政安全部的定义，地方债为："根据《地方财政法》第 11 条规定的财政收入的不足而借入资金所负担的债务，其债务的履行在一个会计年度之后实现，形式上采取地方债证券、借入金。"1997 年以前，韩国的财政政策以顺周期调节为主，地方政府官员也有保持预算盈余的政治压力，因此财政对债务的依赖较小，地方债务规模较小。1997 年亚洲金融危机爆发后，韩国的财政政策开始趋向于逆周期调节，因而地方政府债务开始变得越来越重要。

需要指出的一点是，韩国地方政府的财力并不足以支撑其发挥功能，即财政自给率有限；同时，不同地方的经济发展程度不同，财政收入和财政支出不同，因此财政自给率也存在较为显著的区别。表 2.17 显示，2011 年，韩国地方政府的平均财政自给率[①]为 77.2%，剩余部分需要国库辅助金及债务进行补充。在广域自治团体内部，特别市和广域市的财政自给率显著高于道，也就意味着经济更为发达的地区的地方政府的自身财政收入较为充沛，更不依

① 财政自给率=(地方税＋地方税外收入＋地方交付税)/一般会计账户预算。一般认为分子中的这三项收入较为固定，地方政府的支配性也较强。

赖中央政府和债务；分团体来看，基础自治团体的财政自给率与上级政府有关：若上级政府为特别市或广域市，其财政自给率低于广域自治团体；若上级政府为道，其财政自给率高于广域自治团体。

表 2.17 2011 年分地区、分团体的韩国地方财政自给率(%)

	平均	广域自治团体		基础自治团体		
		特别市和广域市	道	市	郡	自治区
平均	77.2	79.2	49.2	68.4	62.9	55.6
首尔	91.5	89.6	—	—	—	69.2
釜山	75.7	71.7	—	—	67.5	43.7
大邱	75.4	70.7	—	—	67.5	41.2
仁川	80.6	77.1	—	—	51.3	53
光州	69.9	65.2	—	—	—	36.8
大田	76.2	71.8	—	—	—	39.8
蔚山	80.9	72.2	—	—	65.2	58.5
京畿	81.7	—	63.6	72.2	68.4	—
江原	74.1	—	43.4	69.2	67.8	—
忠北	73.6	—	47.3	64.3	65.5	—
忠南	71	—	42.7	66	60.4	—
全北	69.3	—	41.1	61.2	60.5	—
全南	66.8	—	34.1	64.8	59	—
庆北	73.1	—	42.3	67.9	64.9	—
庆南	74.5	—	45.1	67.2	63.3	—
济州	68.1	—	67.4	—	—	—

注：基于 2011 年的初步预算额计算。

资料来源：《韩国行政安全部年鉴(2012)》。

2.3.1 地方债务流量

如表 2.18 所示，2011 年，韩国地方政府总收入 1562568 亿韩元，通过地方债务融资 64783 亿韩元，债务依存率约为 4.1%；2012 年韩国地方政府的初步预算显示，总收入为 1510950 亿韩元，其中通过地方债务融资 39396 亿韩元，债务依存率为 2.6%。不过值得注意的是，一般而言韩国地方债务的决算额的规模比预算额更大，因此并不能断言 2012 年韩国地方政府的债务依存率将会下降。从趋势上看，2008 年全球金融危机爆发后，地方政府的债务依存率出现显著上升。

按照融资对象的不同，韩国的地方债务可以分为一般会计账户债务和特别会计账户债务（包括其他特别会计账户债务和公营企业特别会计账户债务）。一般会计账户债务主要用于道路建设、桥梁建造、公共设施修缮及灾害设施等；其他特别会计账户债务用于住房、排水、供水和乡村事业等；公营企业特别会计账户债务则用于公营企业的融资，例如地铁、供水、排水和区域发展等。如表 2.18 所示，从 2007—2008 年地方债务的流量结构来看，地方债务主要是特别会计账户债务，规模大约是一般会计账户债务的 3 倍，说明那一时期地方债务主要用于为公共设施的建设或者是公共事业融资，而非基础设施建设；2008 年爆发全球金融危机后，一般会计账户债务迅速攀升至与特别会计账户债务相仿的水平，甚至超过特别会计账户债务，这说明韩国逆周期的财政政策使得地方政府开始进行基础设施建设，以刺激经济复苏；但是，2012 年的初步预算额显示，地方债务流量的趋势正在回归，特别会计账户债务成为新增地方债务的绝对主力，韩国的财政刺激政策将随着 2008 年爆发的全球金融危机的逐渐平息而结束。

表 2.18　2007—2012 年韩国地方债务流量及债务依存率(亿韩元)

年份	总规模			一般会计账户债务			特别会计账户债务		
	地方政府总财政收入	地方债	债务依存率	地方政府总财政收入	地方债	债务依存率	地方政府总财政收入	地方债	债务依存率
2007	1280366	35347	2.8%	998147	7414	0.7%	282219	27933	9.9%
2008	1444536	37382	2.6%	1153125	7901	0.7%	291410	29481	10.1%
2009	1567029	97817	6.2%	1257759	57468	4.6%	309270	40349	13%
2010	1497797	56270	3.8%	1218960	20432	1.7%	278837	35838	12.9%
2011	1562568	64783	4.1%	1276740	31199	2.4%	285828	33584	11.7%
2012	1510950	39396	2.6%	1222957	5192	0.4%	287994	34204	11.9%

注:2007—2011 年为决算额,2012 年为初步预算额。
资料来源:《地方政府预算概要(2012)》。

根据表 2.19 中的数据，分地区来看，2012 年首尔特别市的地方债在其地方政府预算收入中的占比为 2.21%，比平均值低；6 个广域市的债务融资占比为 3.59%，9 个道的债务融资占比为 2.41%，因此呈现出“广域市＞道＞首尔特别市”的情形。因此，2012 年韩国各地方自治团体中，广域市最倾向于用债务进行融资，债务依存率最高；道的财政自给率虽然不高，但其主要依靠中央政府的国库辅助金补足财政收入，债务依存率较低；首尔特别市经济发达，财政收入充裕，因此对中央政府和债务融资的依赖程度均较低。

表 2.19　2012 年分地区的韩国地方债及占地方政府预算收入比重(亿韩元)

市都	地方政府预算收入	地方债	
		金额	占比
合计	1989118	52208	2.62%
首尔	300160	6639	2.21%
釜山	111895	3730	3.33%
大邱	76613	2454	3.20%
仁川	104268	4081	3.91%
光州	45803	1778	3.88%
大田	42024	1313	3.12%
蔚山	36611	1605	4.38%
京畿	376612	11429	3.03%
江原	95407	1569	1.64%
忠北	78400	1651	2.11%
忠南	118152	2734	2.31%
全北	108396	2104	1.94%
全南	136796	2207	1.61%
庆北	166919	2563	1.54%
庆南	160299	5186	3.24%
济州	30763	1164	3.78%

注:此处的韩国地方政府预算收入包括广域自治团体对基础自治团体的转移支付,由于存在一定的重复计算,因此合计数更高,但地方债占比并不影响。这里的地方债即一般意义上的“地方债及预置金回收”。

资料来源:《地方政府预算概要(2012)》。

2.3.2　地方债务存量

1. 地方债务总存量和分地区存量

从 2000 年以来的历史数据看,2000—2007 年间,韩国地方债务存量较为稳定，2007年的存量额较2000年低3.13%，占GDP比重下降至1.87%；2008年全球金融危机爆发之后，韩国地方债务存量出现迅速增加，2008—2010年的年均复合增长率达16.77%，2010年总规模达289933亿韩元；之后韩国经济趋于稳定，地方债务存量开始缓慢下降（见表2.20）。截至2012年底，韩国地方债务存量约为267559亿韩元，占当年GDP的2.1%。[①] 如表2.20所示，韩国地方政府债务与中央政府债务之间的关系也在不断变化，2000年以来地方政府债务/中央政府债务处于不断下降的趋势中，从2000年的18.62%下降至2007年的6.3%，随后有所反弹，2010年为7.76%。地方政府债务在韩国政府的一般融资体系中的比例越来越小，相对GDP的比例也维持在非常低的水平，因此地方政府债务对韩国经济几乎不构成风险。

表2.20 2000—2010年韩国地方债务总存量及比重（亿韩元）

年份	2000	2001	2002	2003	2004	2005	2006	2007	2008	2009	2010
地方政府债务	187955	177696	170903	165264	169468	174480	174351	182076	190486	255531	289933
中央政府债务	1009420	1131160	1266300	1588250	1960870	2387660	2732140	2891010	2979440	3461090	3738370
地方政府债务/中央政府债务	18.62%	15.71%	13.50%	10.41%	8.64%	7.31%	6.38%	6.30%	6.39%	7.38%	7.76%
地方政府债务/GDP	3.12%	2.73%	2.37%	2.15%	2.05%	2.02%	1.92%	1.87%	1.86%	2.40%	2.47%

资料来源：《地方政府预算概要(2012)》；OECD。

根据表2.21中的数据，分地区来看，首尔特别市2011年的负

① 数据来源为《地方债务现状(2012)》。

债规模为 31761 亿韩元，占总地方债务的 11.2%；6 个广域市的平均负债规模为 16528 亿韩元，广域市的负债额占总地方债务的平均比例为 35.2%；9 个道的平均负债规模为 16732 亿韩元，9 个道的负债额占总地方债务的平均比例为 53.5%；2000—2011 年间，首尔特别市的地方债务占总地方债务的比重上升，广域市的比重有所下降，而道的比重则基本维持不变。

表 2.21　2000—2011 年分地区的韩国地方债务存量(亿韩元)

年份	2000	2001	2002	2003	2004	2005	2006	2007	2008	2009	2010	2011
合计	187955	177696	170903	165264	169468	174480	174351	182076	190486	255531	289933	281518
首尔	18661	18974	17862	16556	10774	10121	9189	13651	15544	30963	38177	31761
釜山	24486	24740	23992	22079	20345	19255	20372	23063	24273	27217	30443	29802
大邱	17783	19135	23290	23656	23520	23529	17345	18223	17960	20531	20910	20340
仁川	6776	7136	6907	6398	8505	11787	13020	14581	16279	24774	28261	28361
光州	9370	9478	9248	9277	9537	9105	9129	8771	8236	8098	8004	7883
大田	8098	8143	7738	7689	7253	6320	5797	5316	4975	6057	6498	6900
蔚山	4586	5142	5295	5238	5245	5738	5937	5602	5673	6201	6022	5882
京畿	29851	22588	17437	17825	26168	30434	31786	30552	31773	38917	45901	44966
江原	8305	7117	6965	8361	8717	9322	9747	10031	9671	13127	13590	13126
忠北	4699	3898	3539	3152	3027	3399	3546	4006	4458	6719	7797	7703
忠南	9094	8402	7246	5980	5308	6127	5521	5817	8154	12644	13317	13405
全北	9039	8531	8104	6794	6747	7072	7474	7982	8194	10175	11395	10994
全南	6940	6250	6631	6350	7672	6013	6506	6493	7228	12262	14384	15658
庆北	12573	12133	11327	10767	10505	10064	10639	10351	9900	14054	15895	15637
庆南	11353	9873	8875	8209	9272	9669	11878	12339	12692	16360	21788	21464
济州	6341	6156	6447	6933	6873	6525	6465	5298	5476	7432	7551	7636

资料来源:《韩国行政安全部年鉴(2012)》。

按照韩国地方财政的账户分析，韩国地方政府债务存量中的 47.4％为一般会计账户债务，20.3％为其他特别会计账户债务，32.0％为公营企业特别会计账户债务，剩余的 0.3％为基金债务（见表 2.22）。从上述分布来看，地方政府债务中仅有一半左右处于政府的一般会计账户内，即仅有一半债务是进入政府日常运营的账户内，另一半为地方政府的公营企业进行筹资，因为其他特别会计账户债务实际上也是用于公营企业。根据表 2.22 中的数据，分地区来看，首尔特别市的一般会计账户债务仅占其总地方债务存量的 32.1％，近六成的地方债务为其他特别会计账户债务，公营企业特别会计账户债务仅为 8％左右；6 个广域市的地方债务中，平均 47.5％为一般会计账户债务，平均 25.5％为其他特别会计账户债务，平均 26％为公营企业特别会计账户债务；9 个道的地方债务中，平均 51.1％为一般会计账户债务，仅有平均 7.0％为其他特别会计账户债务，公营企业特别会计账户债务占比平均超过 40％。因此，不同类型的广域自治团体内部，地方债的构成并不相同。首尔的地方债务以其他特别会计账户债务为主，而一般会计账户债务和公营企业特别会计账户债务对债务融资的需求较少；广域市的地方债务则主要体现在一般会计账户债务中，其他特别会计账户债务和公营企业特别会计账户债务占比均为 1/4 左右；道的地方债务则主要是一般会计账户债务和公营企业特别会计账户债务，因此主要是一般会计账户债务和公营企业特别会计账户债务需要债务融资。

表 2.22 2012 年韩国地方债务存量结构(亿韩元)

科目	合计	一般会计账户债务	其他特别会计账户债务	公营企业特别会计账户债务	基金
合计	285591 (100%)	135243.40 (47.40%)	58074.30 (20.30%)	91397 (32.00%)	876.3 (0.30%)
首尔	37831	12143	22547	3141	—
釜山	29158	12686	11127	5200	145
大邱	20875	11239	7174	2462	—
仁川	28261	14352	6248	7661	—
光州	7676	3880	256	3540	—
大田	6490	2942	—	3436	112
蔚山	6022	1713	268	3985	56
京畿	45712	19930	2534	23202	46
江原	12710	8029	473	4189	19
忠北	7667	3818	572	3006	271
忠南	13000	5805	2907	4247	41
全北	11225	6028	553	4582	62
全南	14048	7410	1699	4821	118
庆北	15561	9242	714	5605	—
庆南	21784	11029	689	10066	—
济州	7471	4950	293	2222	6

资料来源:《地方债务现状(2012)》。

2. 按发行方式划分韩国地方债务存量

按照债务的发行方式进行分类,韩国的地方债务可以分为地方借款和地方债券两种形式。目前韩国的地方借款余额以国内借款为主。在韩国国内借款中,地方政府主要向中央政府管理的中央政府基金、地方政府管理的地方政府基金及私营部门的金融机构进行借款(见图 2.9)。在中央政府基金中,又可细分为公共资金管理基金及其他政府基金。公共资金管理基金为政府管理政府养老金、邮政储蓄及其他各部门管理的基金的盈余的账户,中央政府基金中的其他政府基金则将在下一章进行详细介绍。地方政府基金则包括地域开发基金和办公楼整顿基金。地域开发基金在 1969 年最初设立时仅用于供水项目,1985 年拓展至给排水,1989 年又进一步拓展至其他的地方公共事业;办公楼整顿基金则专项用于地方政府办公楼的扩建等,且规模较小。最后,私营部门的金融机构的资金主要来源于银行和其他金融机构。韩国的地方债务的债权人曾经包括国外实体,主要是来自国外的援助,但目前韩国的人均收入已经超过可以获得世界银行、亚洲开发银行等援助的水平。

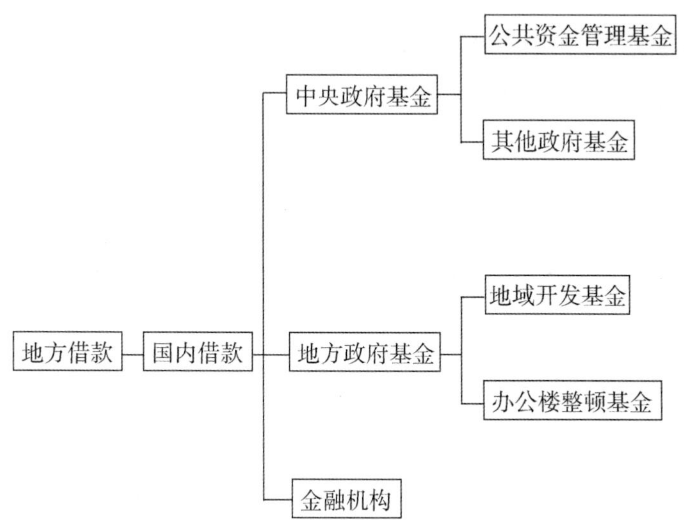

资料来源:《韩国地方债务发行指南(2013)》。

图 2.9　韩国地方借款的结构

目前韩国的地方债券存量中，同样以国内债券为主(韩国地方政府曾经发行过扬基债券和武士债券)。韩国的国内债券包括三种类型：市政债券、城市地铁债券和地域开发债券(见图 2.10)。城

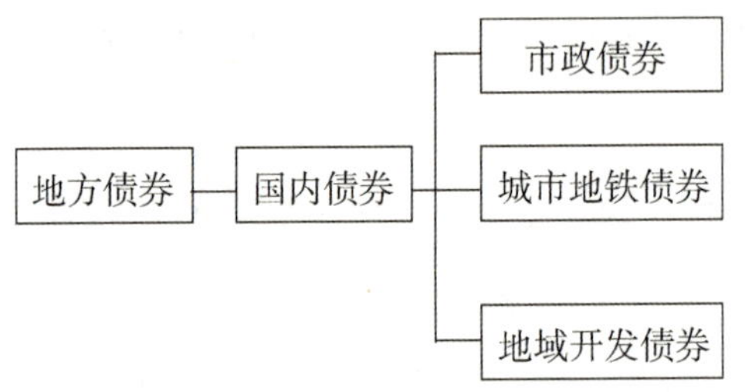

资料来源：《韩国地方债务发行指南(2013)》。

图 2.10　韩国地方债券的结构

市地铁债券和地域开发债券为"强制性债券"，即在某些交易行为发生时强制一方购买债券，例如购买和登记汽车、订立合同及开发城市土地等，因为韩国政府规定受益人有义务为某些公共设施提供融资支持。顾名思义，城市地铁债券由建造地铁的城市发行，用于为地铁建设融资。[①] 需要注意的是，从发行的机制来看，强制性债券与普通债券有本质的区别，不会无法售出。此外，地方政府亦发行普通的市政债券，并可在韩国的"小额公债和地方债券市场"进行流通。

表 2.23 展示了按照发行方式进行分类的韩国地方债务存量结构。2012 年韩国地方债务余额为 267559 亿韩元，其中以地方借款

① 值得注意的是，釜山也拥有地铁系统，并发行城市地铁债券进行融资，但因为釜山交通局为中央政府管理的公营企业，因此釜山的城市地铁债券被称为釜山交通债券，并归入中央政府债务而非地方政府债务中。

形式存在的债务总额 163757 亿韩元，占比为 61.20%；以地方债券形式存在的债务总额 103802 亿韩元，占比为 38.80%。因此，韩国地方政府的债务以地方借款为主，地方债券的应用并不是非常普遍。

表 2.23　2012 年按发行方式划分的韩国地方债务存量与结构（亿韩元）

<table>
<tr><th colspan="3"></th><th>金额</th><th>占比</th></tr>
<tr><td colspan="3">总计</td><td>267559</td><td>100.00%</td></tr>
<tr><td rowspan="6">地方借款</td><td colspan="2">小计</td><td>163757</td><td>61.20%</td></tr>
<tr><td rowspan="2">中央政府基金</td><td>公共资金管理基金</td><td>73843</td><td>27.60%</td></tr>
<tr><td>其他政府基金</td><td>17864</td><td>6.68%</td></tr>
<tr><td rowspan="2">地方政府基金</td><td>地域开发基金</td><td>44517</td><td>16.64%</td></tr>
<tr><td>办公楼整顿基金</td><td>4760</td><td>1.78%</td></tr>
<tr><td colspan="2">金融机构</td><td>22770</td><td>8.51%</td></tr>
<tr><td rowspan="4">地方债券</td><td colspan="2">小计</td><td>103802</td><td>38.80%</td></tr>
<tr><td colspan="2">城市地铁债券</td><td>28608</td><td>10.69%</td></tr>
<tr><td colspan="2">市政债券</td><td>5611</td><td>2.10%</td></tr>
<tr><td colspan="2">地域开发债券</td><td>69583</td><td>26.01%</td></tr>
</table>

注：由于统计方式不同，本表中的总计金额与上表中的合计金额不完全一致。
资料来源：《地方债务现状(2012)》。

根据表 2.23 中的数据，在地方借款内部进行分析，韩国地方政府向中央政府管理的中央政府基金的借款总额达 91707 亿韩元，占地方借款总额的 56.0%，其中，从公共资金管理基金中借款 73843 亿韩元，从其他政府基金中借款 17864 亿韩元；向地方政府管理的地方政府基金的借款总额为 49277 亿韩元，占地方借款总额的 30.1%，其中，从地域开发基金中借款 44517 亿韩元，从办公楼整顿基金中借款 4760 亿韩元；最后，从私营部门的金融机构借款 22770 亿韩元，仅占地方借款总额的 13.9%。从地方借款的结构来看，韩国地方债务仍然最依赖政府，从市场借款的金额较少，即使违约,主要的波及对象也不是市场,因此实际风险非常低。

在地方债券内部分析,城市地铁债券总额为28608亿韩元,占地方债券总额的27.6%;地域开发债券总额为69583亿韩元,占地方债券总额的67.0%;地方政府发行的市政债券仅占地方债券总额的5.4%。与地方借款类似,绝大多数的地方债券均为强制性债券,地方主动发行市场化的市政债券总额非常少,因此风险也较低。总计地方借款和地方债券的数据来看,市场化的金融机构借款和市政债券总额之和为28381亿韩元,占地方债务总额的10.6%,与2012年韩国地方政府预算收入相比仅占1.88%,与2012年韩国GDP相比仅占0.22%,因此风险几乎可以忽略。

3. 按利率划分韩国地方债务存量

截至2012年,韩国地方债务的年利率均低于8%,其中年利率在4%以下的债务总额176502亿韩元,占比为66.0%;年利率为4%—5%的债务总额为76023亿韩元,占比约为28.4%;年利率为5%—6%的债务总额为15028亿韩元,占比仅为5.6%;超过6%的债务总额仅为6亿韩元,占比几乎可以忽略不计(见表2.24)。2007—2012年间,韩国5年期国债的平均收益率为4.45%,3年期国债的平均收益率为4.17%,3年期企业债的平均收益率为5.23%,364天货币稳定债券的平均收益率为3.87%,7天货币市场基金的平均年化收益率为3.63%。考虑到地方债务的期限一般较长,与中长期债券的平均收益率相比,韩国地方政府债务的利率水平与国债的平均收益率基本持平,低于企业债的平均收益率水平,反映出韩国地方债务的风险较小,付息压力也不大。

表 2.24　2012 年按利率划分的韩国地方债务存量与结构(亿韩元)

利率区间	金额	占比
4%以下	176502	66.00%
4%—5%	76023	28.40%
5%—6%	15028	5.60%
6%—8%	6	0.00%

资料来源:《地方债务现状(2012)》。

4. 按融资标的划分韩国地方债务存量

韩国地方政府发行债务一般有特定的融资标的,因此可以按照其融资标的对其债务存量进行分类分析,结果如表 2.25 所示。韩国地方政府为道路建设债务融资 69971 亿韩元,占总债务存量的 26.2%;城市地铁的债务融资额为 33532 亿韩元,占比为12.5%;住宅开发及工业园建造的债务融资额为 30564 亿韩元,占比为 11.4%;剩余的从高到底排序为:给排水和排水(污水)处理等环境设施(23532 亿韩元,8.8%)、文体设施(19722 亿韩元,7.4%)、灾害救援(11486 亿韩元,4.3%)、办公楼整顿(6217 亿韩元,2.3%)。此外,对其他目的进行融资的地方债务存量约为 72501 亿韩元,占总债务存量的 27.1%。从融资标的的构成来看,韩国地方债务主要用于基础设施和公共事业,极少用于政府的日常运营(除办公楼整顿有专门的地方基金外)。

表 2.25　2012 年按融资标的划分的韩国地方债务存量与结构(亿韩元)

融资标的	金额	占比
道路建设	69971	26.20%
城市地铁	33532	12.50%
住宅开发及工业园建造	30564	11.40%

（续表）

融资标的	金额	占比
给排水和排水(污水)处理等环境设施	23532	8.80%
文体设施	19722	7.40%
灾害救援	11486	4.30%
办公楼整顿	6217	2.30%
其他	72501	27.10%

资料来源:《地方债务现状(2012)》。

2.4 韩国地方债务的管理机制

根据《地方自治法》第124条,《地方财政法》第11条至第14条及第44条,《地方财政法施行令》第7条至第12条,以及《地方债务发行计划制定标准》等,韩国地方政府有权发行地方债务,但要满足特定的条件,服从较为严格的管理体制。除此之外,韩国中央政府对地方政府有非常严格的风险管理机制,严格监控地方债务的财政风险。

2.4.1 韩国地方债务发行政策的沿革

• 1949年7月4日,《地方自治法》颁布,提出地方债券发行批准制,引入债务偿还、永久性利润、非常灾害救助等特殊情况下的债务发行概念。

• 1956年12月15日,《地方自治法》改订,地方债务发行批准程序改变为地方议会表决后须获得内务部长官批准。

• 1988年4月6日,《地方自治法》重新修订,债务发行程序变更为内务部长官批准后由地方议会表决发行。

• 1990 年以后,《地方自治法》和《地方财政法》修订,变更可发行债券的项目,之前为债务偿还、永久性利润、非常灾害救助等,之后为公共、公用设施建设以及灾害预防、救助事业、营利性企业、已放行的政府债务转期及其他国民福利产业等。

• 2002 年 4 月 2 日,规范债务管理以及地方债务发行批准标准的有关事项(行政自治部例规第 92 号)。

• 2006 年 1 月 1 日,引入地方政府债务发行总额限额制,具体措施为地方债务发行制度由根据不同企业情况进行批准表决的批准制转换为限额制,以及改订《地方自治法》、《地方财政法》及《地方财政法施行令》。

• 2007 年 6 月 28 日,追加经济特区有关的行政机构,并对地方债务发行总额限额制进行修订,为了使经济特区的行政机构能够更加顺畅地协助经济发展,需要根据地方自治团体的情况,对地方债务发行限额制追加必要的条例。

• 2008 年 6 月 30 日,根据地方债务发行总额限额制设立的有关规定(行政安全部例规),发布《地方债务发行计划制定标准》。

2.4.2　韩国地方政府债务融资的条件

1. 债务总额限制制度

地方债发行限额是考虑到地方自治团体的财政状况、债务规模等而制定的规则,主要内容是在限额范围内,通过地方议会的议决发行地方债,超过限额时,在得到行政安全部长官允许后再通过地方议会的议决发行地方债。[①]

---

① 如果是组合债、外债,即使是在限额范围内,也需要在通过地方议会的议决之前得到行政安全部长官的允许。

地方债发行限额的总限额分为基本限额和别途限额。基本限额的计算方法为地方债务自律发行指数、不同级别发行指数与经常一般财源的乘积。其中,地方债务自律发行指数与一般债务、BTL[①] 支付额和经常一般财源相关;不同级别发行指数随地方自治团体而变化,特别市和广域市的指数为 10%,道为 8%,市、郡为 5%,自治区为 2%,即政府等级越高,经济发达程度越高,可发行债务的比例越高。需要说明的计算方法是:

· 一般债务=地方债务+债务负担行为额+保证债务履行责任额

· 经常一般财源=地方税收入(地方教育税除外)+地方税外收入+地方支付税+调整交付金+财政保障金-工业特别计划中和一般计划一起结算的收入科目

· BTL 支付额是对于竣工后所有权落入地方自治团体的设施的一种结算标准,指的是最后政府需要向私营部门履行支付义务的支付总额

表 2.26 地方债发行限额制定标准

类别		特别市、广域市	道	市、郡	自治区
总限额(A+B)	不同级别发行指数	10.00%	8.00%	5.00%	2.00%
	地方债务自律发行指数	1-{(一般债务(结算)+BTL 支付额(结算))/ 经常一般财源(结算)}			
	基本限额(A)	地方债务自律发行指数×不同级别发行指数×经常一般财源			
	别途限额(B)	地域开发债券额+城市地铁债券发行额+其他			

资料来源:《2013 年度地方债务发行计划制定标准》。

① 即 build-transfer-lease,指一种"建造—移交—出租"的基础设施建设方式。

另一个标准为“管理债务偿还费比率”，其计算方法为：

· 管理债务偿还费比率＝（未来 4 年地方财政支出所需偿还的管理债务/未来 4 年经常一般财源）×100％

· 管理债务＝一般债务＋BTL 支付额

2. 地方债务发行条件

地方债务的具体发行条件随限额内、限额外和其他三种类型而不同。在限额内，所有被赋予地方债发行限额的地方自治团体都能够发行地方债。原则上，可以发行地方债为所有的资本性支出融资，但不能对消耗性的经常性支出发行地方债来融资。可以发行地方债的事业包括：

· 公共、公用设施。

· 用当年收益可以偿还利息的事业。

· 由天灾、地变引起的灾害等不可预测的收入缺陷的保障。

· 灾害预防及复原事业。

· 已发行地方债的偿还。

· 为培育地方中小企业的资本投资事业。

· 为解除长期未执行城市规划设施的补偿事业。

· 其他居民的福利增进等而认作特别需要的事业。

同时，有些事业不能发行地方债，如投融资审查对象中规模以下的小规模事业不可发行地方债（在市都中未满 40 亿，在市、郡、自治区中未满 20 亿，不包括从办公楼整顿基金借入的资金），以及消耗性的经常性支出（例如人工费等）。

在限额外，原则上所有的地方自治团体都能发行超额地方债，但必须得到行政安全部行政长官的批准以及随后的地方议会批准。是否批准发行所考虑的事项随着不同负债规模的地方自治团体而不同：

·对于管理债务偿还费比率不足35%的地方自治团体，原则上可以批准获得地方财政投融资批准的事业项目以及与相关中央部门意见相适应的的事业项目。

·对于管理债务负担度在35%以上的地方自治团体，在当年债务增加额增加幅度不大的情况下可批准，但地方需要建立债务管理计划，积极增加各类债务偿还基金。

·例外的情况则包括：由于灾害等原因使事业项目陷入紧急状况的情况；偿还财源的大部分来自转移支付收入（国库辅助金和地方交付税）或者特定财源的情况；必须保证持续作业，一旦中断则会导致公共利益遭受损害，地方债发行不可避免的情况；必须维持地域间的合作项目，而必须发行地方债的情况。

其他的发行条件则包括事业计划的必要性和妥当性（包括居民舆论、项目的紧急性、施工时间妥当性等），发行地方债的地方自治团体的财政状况和偿付能力以及举债计划的适宜性（事业利润率、举债时的资本市场状况）和债务管理对策等。

2.4.3 韩国地方债务的发行流程和内容

韩国地方债务的发行流程见图2.11。

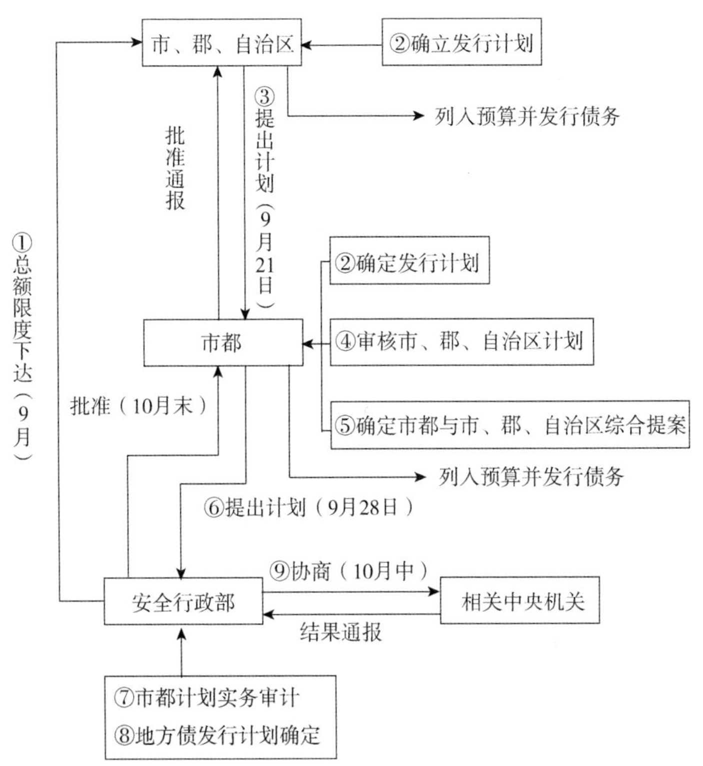

注：黑色为批准、灰色为执行，编号代表申请顺序。
资料来源：《2013 年度地方债务发行计划制定标准》。

图 2.11　韩国地方债发行流程

韩国地方债务各机关的工作内容及日程见表 2.27。

表 2.27　韩国各机关的地方债务工作内容及日程

机关	内容	日程
行政安全部	• 地方债发行限额及计划确立标准下达	9 月
	• 针对市都的地方债发行提案进行实务探讨	9 月
	• 与相关中央机关进行协商	9 月
	• 自身审查委员会审议	10 月
	• 地方债发行计划确定通报	10 月末

（续表）

机关	内容	日程
市都	·市都级别地方债发行计划下达 ·市都(本厅部)地方债发行计划确立 ·整合调整市、郡、自治区发行计划 ·向行政安全部提交"市都与市、郡、自治区地方债发行综合计划"	9月 9月 9月 9月28日截止
市、郡、自治区	·提出地方债发行计划 ·向市都政府提出计划施行结果	9月 9月21日截止

资料来源:《2013年度地方债务发行计划制定标准》。

韩国地方债务的内容见表2.28—表2.31。

表2.28　中央政府公共资金管理基金借款明细

基金	支援项目名	出资机构	2012年利率	偿付时间(延期)	相关部门
农水产品价格稳定基金	公营批发市场建立	农水产品流通公社	3%	7年(3年)	农林水产食品部
公共资金管理基金(包括财政融资特别账目)	提高国民福利并支援与其相关的主要产业	企划财政部	3.73%(3/4分期)	10年(5年)	企划财政部

资料来源:《2013年度地方债务发行计划制定标准》。

表2.29　中央政府其他政府基金借款明细

基金	支援项目名	出资机构	2012年利率	偿还时间(延期)	相关部门
农渔村构造改善特别账目	农渔民后继者培养资金	农协	3%	10年(5年)	农林水产食品部
	畜产粪尿处理设施资金		3%	7年(3年)	

（续表）

基金	支援项目名	出资机构	2012 年利率	偿还时间（延期）	相关部门
农渔村构造改善特别账目	米谷综合处理资金	农协	0—2%	1 年（0 年）	农林水产食品部
	农业综合基金		3%	10 年（3 年）	
	灾害对策资金		1.5%	10 年（5 年）	
环境改善特别账目（环特）	中小城市地方上水道开发	韩国环境工团	2.37%（1/4 分期）	10 年（5 年）	环境部
	下水道处理设施支援			10 年（5 年）	
	下水道污泥处理设施设置			10 年（5 年）	
	沿岸地区下水处理厂设置			10 年（5 年）	
	下水道管理装备			10 年（5 年）	

资料来源：《2013 年度地方债务发行计划制定标准》。

表 2.30　地方政府基金借款明细

基金	支援项目名	出资机构	2012 年利率	偿还时间（延期）	相关部门
地域开发基金	上下水道项目，其他项目	市都	3%—4% 3.5%—4.5%	10 年（2 年） 5 年（3 年）	市都
办公楼整顿基金	地方自治团体政府大楼新建、增建	韩国地方财政公济会	3%	10 年（2 年）	韩国地方财政共济会

资料来源：《2013 年度地方债务发行计划制定标准》。

表 2.31　地方债券发行明细

项目名	地方自治团体	发行时间	债券形式	出资方	2012 年利率	偿还时间（延期）
地域开发债券	市都	年中	复利债	特定居民	2.50%	5 年(0)
城市地铁债券	首尔	年中	复利债	特定居民	2.50%	7 年(0)
	釜山					5 年(0)
	大邱					5 年(0)
	仁川					5 年(0)
	光州					5 年(0)
	大田					5 年(0)
市政债券	大规模的公营企业或者土地所有者	不定	根据合同	市场	根据合同	根据合同

资料来源:《2013 年度地方债务发行计划制定标准》。

2.4.4　韩国地方债务风险管理

根据《地方财政法》第 87 条第 2 款,地方自治团体要制定包括“地方公债借入·偿还”实绩及规划,未来 5 年以上期间的地方债发行及偿还计划,债务的增减前景和管理计划在内的债务管理计划(见表 2.32)。

表 2.32　地方债务管理计划及考察概要

考核对象	管理债务负担度 35%以上或超额发行的地方自治团体
管理机制	分年度和分市、郡、自治区向市都报告，后者向行政安全部报告
考核内容	是否执行债务管理计划
偿债措施	纯年度财政预算结余用于偿债或放入减债基金的比例： 管理债务负担度在 35%以下的地方自治团体：20%以上 管理债务负担度在 35%以上不到 50%的地方自治团体：30%以上 管理债务负担度在 50%以上不到 75%的地方自治团体：40%以上 管理债务负担度在 75%以上不到 100%的地方自治团体：50%以上 管理债务负担度在 100%以上的地方自治团体：60%以上
惩罚措施	·申请的超额地方债发行项目，原则上对其持保留态度，不予以批准 ·下一年度的地方债发行的限额将被减少（基本限额的 30%） ·公共资金管理基金、办公楼整顿基金、地域开发基金等资金配发时，将把完成债务管理计划的地方自治团体排在后顺位上
日程	财务管理计划（9—10 月）→ 向议会报告（11 月）→ 提交给行政安全部及市都（12 月）

资料来源：《2013 年度地方债务发行计划制定标准》。

第 3 章

韩国城市建设与地方债务

3.1 韩国城市发展与政策[①]

3.1.1 韩国城镇化历程简介

1. 人口迁移与城镇化历程

如图 3.1 所示，韩国的快速城镇化历程始于 20 世纪 60 年代，到 1990 年左右城镇化速度逐渐减缓，1960—1990 年 30 年间，韩国城镇化率从 27.7%上升至 73.8%，平均每年城镇化率上升 1.5 个百分点；1990—2012 年，韩国城镇化率上升至 83.5%，平均每年城镇化率上升 0.44 个百分点。可以认为，韩国的城镇化主要是在 1960—1990 年间完成的。

如表 3.1 所示，将全国分为城市和郡两种区域来看，城市人口上升速度最快的时期是 1960—1980 年间，平均人口增速约为 6.4%；乡村人口下降速度最快的时期为 1975—1995 年，与城镇人

① 本节韩国城市发展部分的重要参考文献是李恩平：《韩国城市化的路径选择与发展绩效：一个后发经济体成败案例的考察》，中国商务出版社 2006 年版。

口增速相对人口流动最大的时期并不完全吻合，原因在于后期乡村人口基数减少，同样规模的人口流动会造成人口增长率的大幅降低；相应地，城市人口增速与乡村人口增速的差值在 1966—1995 年间均维持在 6%或更高的水平上。

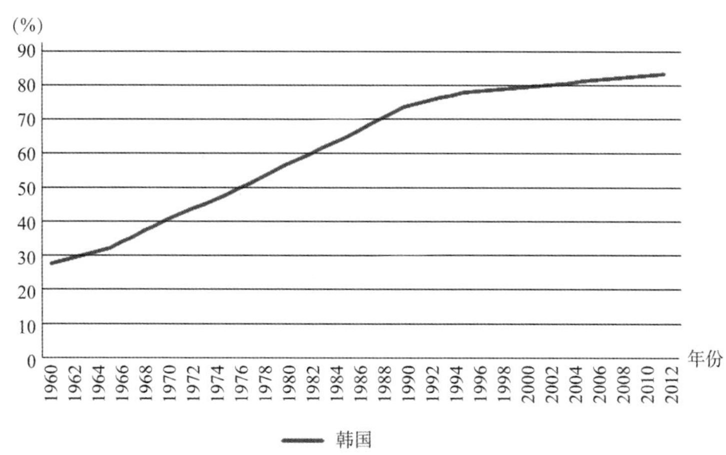

资料来源：世界银行 WDI 数据库。

图 3.1　韩国城镇化率趋势(1960—2012 年)

表 3.1　1960—2005 年韩国分区域人口增速

	1960—1966 年	1966—1970 年	1970—1975 年	1975—1980 年	1980—1985 年	1985—1990 年	1990—1995 年	1995—2000 年	2000—2005 年	1960—2005 年
全国	2.6	1.9	2	1.5	1.6	1.4	0.5	0.6	0.5	1.4
全部市	5.6	7	5.2	4.9	4.2	4.1	1.6	0.9	0.9	3.9
全部郡	1.2	−1.2	−0.7	−2.3	−2.7	−2.6	−4.5	−2.9	−1.4	−1.6
差值	4.4	8.2	5.9	7.2	6.9	6.7	6.1	3.8	2.3	5.5

资料来源：KOSIS。

韩国的城镇化进程由产业结构变化(即工业化)所推动。如表 3.2 所示，自 1955 年以来，韩国非农产值比重呈快速上升的趋势，其比重的绝对值一直大于非农就业比重和城镇化率，且在1965—1985年间的增长速度也更快，因此，非农产值比重、非农就业比重和城镇化率呈显著的大小次序关系；到1995年以后，三个比重的差值已经逐步缩小，出现趋同，表明韩国的工业化和城镇化已经基本完成。

表3.2　1945—2005年韩国城镇化趋势与非农产业发展

年份	非农产值比重(%)	非农就业比重(%)	城镇化率(%)
1945	—	21.8	14.5
1950	—	20.11	18.4
1955	43.05	20.5	24.48
1960	60.08	20.49	28.3
1965	59	41.54	33.9
1970	70.8	49.61	41.13
1975	72.9	53.34	48.36
1980	83.8	65.99	57.23
1985	86.5	75.07	65.36
1990	91.1	82.1	74.42
1995	93.7	88.23	78.54
2000	95.1	89.39	79.68
2005	96.7	92.16	81.5
期间	**年均增长率(%)**		
1945—1960年	2.52	−0.25	2.71
1960—1995年	1.28	4.26	2.96
1995—2005年	0.32	0.44	0.37

资料来源：李恩平(2006,p.170)。

2. 韩国城市规模结构

军政府掌权后，韩国进入快速的城镇化时期。1960—1990年，韩国的城镇化率从27.7%迅速攀升至73.8%[①];城市人口从687万人上升至3216万人,城市从27个增长至73个(见表3.3)。在这一城镇化过程中,形成了以大城市(人口>100万)为主的城市规模结构。如表3.3所示,1960年,人口大于100万的大城市数量仅2个,人口占总城市人口的51%;到1970年,人口大于100万的城市增加至3个,但人口占比迅速增长至66%,也就是说剩余城市的人口总和也仅为三个大城市人口的一半;1970年以后,大城市数量有所增加,但人口占比基本维持不变,韩国形成了稳定的以大城市为主的城市规模结构。

表3.3 韩国城市规模结构演进

	1960年			1970年			1980年			1990年		
人口	城市数量	人口数(万人)	占比	城市数量	人口数(万人)	占比	城市数量	人口数(万人)	占比	城市数量	人口数(万人)	占比
>100万	2	350	51%	3	848	66%	4	1421	66%	6	2069	64%
50万—100万	1	67	10%	2	114	9%	2	138	6%	6	347	11%
25万—50万	2	71	10%	2	67	5%	7	236	11%	7	234	7%
10万—25万	4	70	10%	11	137	11%	21	303	14%	22	345	11%
5万—10万	18	129	19%	4	125	10%	6	44	2%	32	221	7%
总计	27	687	100%	22	1291	100%	40	2142	100%	73	3216	100%

资料来源:KOSIS。

首尔都市区:韩国的首尔都市区(这一区域并不仅仅是习惯上

① 数据来自世界银行,与表3.2中的数据略有差异。

的叫法，1982 年通过的《首都圈管理法》确定了这一区域边界，并规定了首都圈建设和管理的相关内容）包括首尔市、仁川市和京畿道，总面积 1.17 万平方公里，约占韩国国土面积的 1/10。整个都市区的发展分为两大时期：首尔的集聚发展和整个都市区的形成。首尔自 1394 年朝鲜王朝定都于此以来即为首都所在地，第二次世界大战之后人口迅速恢复，1949 年恢复到 140 万人以上。朝鲜战争后，首尔人口有短暂下降，但迅速恢复至 1960 年的 244.54 万人（见表 3.4）。如表 3.4 所示，1960—1980 年是首尔市人口迅速增加时期，1980 年首尔市人口已经达到 835.06 万人，年均人口增长率为 6.33%；1980 年以后，首尔市人口进入低速增长期（年均人口增长率为 2.42%），但其外围的京畿道地区人口则快速增加（1980—1990 年年均人口增长率为 4.92%，1960—1980 年均人口增长率为 2.96%）。在另一个维度，首尔都市区的城市数量在 1980 年之后快速增加（1980 年为 6 个，2004 年为 27 个），这说明首尔都市区内处于中心城市外围的卫星城增加，逐渐形成了完整的城市体系。

表 3.4　首尔都市区的人口发展趋势（万人）

	首尔	京畿道	首尔都市区
1960 年人口	244.54	274.88	519.42
1970 年人口	552.53	335.33	887.86
1980 年人口	835.06	493.03	1328.09
1990 年人口	1060.3	797.07	1857.37
1960—1980 年年均人口增长率	6.33%	2.96%	4.81%
1980—1990 年年均人口增长率	2.42%	4.92%	3.41%

注：仁川原属京畿道，1995 年后被设立为广域市，仍属于首尔都市区。
资料来源：KOSIS；相关年度的韩国人口普查数据。

东南沿海城市密集区：除首尔都市区外，韩国另一发达的城市群是以釜山为中心城市的东南沿海城市密集区，包括庆尚南北两道(除釜山外，后来又分离出大邱和蔚山两个广域市)，总面积约为3.2 万平方公里。该地区与日本隔海相望、又拥有良好的深水港口，因此在 1960 年之前即拥有 10 个城市。韩国开始实施大规模工业化战略之后，该地区为优先发展地区，至 1990 年城市数量发展至 22 个。但在 1990 年以后，该城市密集区的发展趋于停滞。

东南沿海城市密集区的人口快速发展时期主要集中在 1960—1980 年，特别是 1970—1980 年间。1980 年后，该城市群的人口增长开始显著变缓，在 1990 年以后甚至出现负增长。与首尔都市区不同的是：(1)东南沿海城市密集区的中心城市釜山的人口规模相比首尔小很多，不超过 400 万人；(2)未出现从中心城市向外围地区扩散的情况，而是整个城市群几乎在同一时间走向衰落(见表 3.5)。

表 3.5　东南沿海城市密集区的人口发展趋势(万人)

	釜山	庆尚北道	庆尚南道	城市群
1960 年	116.37	384.84	301.83	803.04
1970 年	187.64	455.59	311.86	955.09
1980 年	315.69	495.2	332.05	1142.94
1990 年	379.59	508.81	367.15	1255.55
1960—1980 年	5.12%	1.27%	0.48%	1.78%
1980—1990 年	1.86%	0.27%	1.01%	0.94%

资料来源：KOSIS；相关年度的韩国人口普查数据。

3.1.2 区域与城市发展政策

1. 区域发展政策

在地方自治之前，韩国中央政府直接制定区域的发展政策，并且把有限的资源用于优先发展少数区位条件和自然条件优良的沿海地区；待经济发展到一定程度后，区域差距增加，韩国政府又制定倾向于地区平衡的区域发展政策。

在经济发展早期，韩国政府对工业发展所要求的基础设施给予大力支持，包括：1962 年规划蔚山特别区域为大规模工业聚集地；1965 年在首尔的九老洞建立出口工业聚集地；1974 年在仁川市建立浦坪免税区等。此外，韩国在 1965—1967 年又进一步对一些区位和资源条件好的地区进行特别开发，共有 6 个特别开发区，包括：首尔—仁川经济走廊、蔚山工业区、济州地区、太白山地区、荣山江地区以及牙山—索山地区。20 世纪 60 年代规划的特别开发区面积达 2 万平方公里，占国土面积的 20％。

进入 20 世纪 70 年代后，韩国在集中发展工业的同时，也更加注重区域平衡和对欠发达地区的开发。1971 年韩国通过《第一个国土综合开发规划（1972—1981）》，将韩国按照四大河流流域（汉江流域、昆江流域、荣山江流域和洛东江流域）划分为三级开发区域（大发展区、子发展区和小发展区）。在八个子发展区中的三个欠发达地区被指定为特别发展区，包括太白山区、全罗南北道地区、忠清南北道地区和光州地区，对这些地区的支持主要集中在道路、给排水和工业基础设施的改进。

1981 年，韩国制定了《第二个国土综合开发规划(1982—1991)》，将济州岛、太白山区、基多山区以及多岛海海域划为特别开发区，主要针对落后地区的基础设施建设，同时也开发当地的旅游资源。与此同时，由于奥运会即将在 1988 年召开，韩国政府制定奥林匹克高速公路和国家统一森林公园建设规划。20 世纪 80 年代的特别开发区面积总计约为 1.38 万平方公里，大约占国土面积的 14%，其中奥林匹克、多岛海、太白山和济州岛总投资大约 2 万亿韩元(约 15 亿美元)。

进入 20 世纪 90 年代后，由于政治体制改变，韩国政府不再进行大面积的开发，而是由地方政府对所在地区进行精细化的开发。而中央政府的政策则提升至更高的层面，统筹全国城市群的发展。1995 年韩国政府对《第三个国土综合开发规划(1992—2001)》进行修订，希望通过地铁或高速公路将中心城市与其外围地区融合为广域都市发展区。因此，1997 年韩国将釜山、大邱、仁川、光州、大田和蔚山等 6 个人口超过 100 万的城市单独设立为广域市。韩国政府为这些城市的地铁、高速公路、国际空港、海港和通信网路提供了大量财政和金融支持，并且引入了民间资本，使得这些城市的基础设施建设飞速发展。由于外围城市与中心城市的联系更加方便，人口反而开始向外围城市移动，导致广域市的基础设施出现过剩，私人财团的资本结构恶化，也为之后金融危机的破坏力埋下了伏笔。

2. 城市发展政策

1960—1970 年　1962 年军政府上台后出台了《城市规划法》

和《建筑法》,新法令的主要目的是进行快速的工业化和城镇化,因此具有高度的中央集权色彩。每个城市的城市规划和城市发展政策缺乏多样性,需要遵循同一个标准。

1970—1980 年　20 世纪 70 年代韩国的城市发展政策需要解决的是城市迅速扩大的问题,下一步的发展策略是形成超大城市(集中发展)的同时建造卫星城(分散发展)。在这个背景下,韩国的城市发展政策可归纳为以下三个方面:第一,严格控制超大城市膨胀;第二,加大对大城市内城空间的再开发和利用;第三,进行一系列重大开发项目的建设。此外,韩国加强了对城市环境的保护,通过了《环境影响评估条例》和《城市公园法》。20 世纪 70 年代是韩国城市发展出现诸多矛盾的时期,一方面既要保障城镇化和工业化的进一步发展,一方面又开始注重环境保护及地区平衡。

1980—1990 年　1980 年以后,韩国城镇化水平已经达到较高的水平,这 10 年注重的是确定多核城市发展战略,从早期的首尔—釜山发展轴向外扩散。特别是随着 1988 年奥运会的到来,韩国政府对住房问题的重视日益增加,并授予土地公共机构以土地征用权,从而大大提高了居住用地的供给,住房供给也随之增加。具体的措施包括:增加建设首尔市外围的 5 座新城(解决首尔拥堵和房价高企问题),建立廉租房制度(解决贫民窟问题),修订《城市设计指导方针》和《城市公园法》(解决环境问题)以及引入《交通影响评估法则》(解决城市交通堵塞问题)。

1990 年之后　韩国民主化改革使得地方政府对城市建设的自主性增大,内陆地区的城市也开始经济开放。城市规划中引入了广域城市规划体系和详细城市规划制度，分别对应着广域市与外围城市的分工（类似中国的城镇规划体系）以及城市内部功能分区和开发（类似中国的详细规划）。同时，1994 年韩国通过《私人资本引导法》，开始在公共领域引入私人资本，形成公私合营（对应的企业类型和财务状况等可参见 3.4 节对地方公营企业的介绍）。由于私人资本的进入，使得 20 世纪 90 年代中后期韩国基础设施建设达到了空前规模，开发建设运动成风。

3. 城市开发主体

韩国的城市开发主体主要包括三大类：中央政府、公共开发公司以及地方政府（包括以后的地方开发公司）。20 世纪六七十年代，韩国经济处于起飞的早期阶段，韩国城市的建设直接由中央政府参与和指导，特别是中央政府决策开发的几个重大工业聚集地最后在中央政府的大力支持下发展成为韩国重要的新兴工业和港口城市（例如浦项和蔚山）。

在城市发展壮大且数量增多后，政府部门难以再直接参与每个地区的城市开发，因此成立了一系列特殊的公共开发公司，例如 20 世纪 60 年代成立的韩国国家住房公司、70 年代成立的韩国水资源开发公社和韩国土地开发公社等。这类开发公司在 1970 年后到地方自治恢复之前，是城市基础设施建设和开发的主要力量。这类公司由中央政府的建设和交通部门直接组建和领导，得到中央政府的融资支持，还被授予法律所规定的政府所拥有的权力（例如土地征用权等）。实际上，这类公共开发公司的本质还是中央集权，地方政府没有相应的资金实力，也没有进行城市发展的职责。

20 世纪 90 年代后，地方政府恢复自治地位，逐渐成为城市开发的重要主导。为了与中央政府的公共开发公司竞争，地方政府一方面设立地方开发公司，一方面开始引入私人资本，进行公私合营。在这一阶段，地方政府的财力逐渐增强，同时对本地基础设施等的开发职责也在上升，债务融资成为地方政府必要的财政补充。

3.2 韩国基础设施建设：城市地铁债券

表 2.23 中的数据显示，2012 年韩国地方政府发行的城市地铁债券余额为 28608 亿韩元，占所有债券的 27.6%，占所有地方债务余额的 10.69%，是韩国地方债务中重要的组成部分。韩国的城市地铁债券为强制性债券，在建设地铁所在城市发生某些交易或行为时，行为人需要根据一定比例或固定值购买城市地铁债券，为当地的建设出力。总的来说，韩国的城市地铁债券对于韩国的城市地铁建设及城市发展起到了重要作用，但同时由于地铁建设耗时较长、花费巨大，且地方政府有借贷冲动，因此相比其他地方债务中央政府对城市地铁债券的控制更加困难。因此，城市地铁债券的意义和管理经验，均值得进一步探讨和研究。

3.2.1 韩国城市地铁债券概况

1. 韩国地铁概况

1974 年首尔地铁开通后，韩国开始了建造城市地铁的历程，釜山、大邱、仁川和光州的地铁分别于 1985 年、1997 年、1999 年和

2004年开通。如表3.6所示，至2004年[①]韩国全国地铁总长度为423.5公里，首尔地铁长度为287公里，构成了韩国城市地铁的主体；釜山、大邱、仁川和光州的地铁长度分别为71.6公里、28.3公里、24.6公里和12公里；从地铁密度来看，五个开通地铁城市的平均密度约为137公里/平方公里，而首尔的地铁密度已经达到474公里/平方公里，是第二位城市釜山的4倍以上，2004年开通地铁的光州的地铁密度最低，仅为24公里/平方公里；从每百万人地铁线路拥有量来看，5个城市每百万人地铁线路拥有量约为21.7公里，首尔约为28.3公里，最低的光州也有8.6公里。上述数据显示，到21世纪初期，除首尔和釜山的地铁建设历史较为悠久外，韩国其他城市的地铁正处在地铁建设的高峰时期。

表3.6　韩国城市地铁建设概况

	平均	首尔	釜山	大邱	仁川	光州
地铁长度(公里)	423.5	287	71.6	28.3	24.6	12
开通年份	—	1974	1985	1997	1999	2004
地铁密度(公里/平方公里)	137	474	94	32	74	24
城市面积(平方公里)	—	606	763	886	340	501
每百万人地铁线路拥有量(公里)	21.7	28.3	19.4	11.2	9.6	8.6
城市人口(百万人)	—	10.2	3.7	2.5	2.6	1.4

注：城市人口和城市面积为2003年底数据，地铁长度为2004年底数据。
资料来源：韩国财政企划部。

① 由于韩国城市地铁债券的资料为部门内部资料，本研究只取得2004年及之前的韩国城市地铁债券数据，因此并不包括最新的地铁建设数据和相关分析。不过，韩国地铁的建设热潮正是20世纪90年代末期和21世纪初期，对2004年及之前的韩国城市地铁债券数据的分析能够呈现出韩国城市地铁建设高峰期的情景。

表 3.7 的数据为 2003 年韩国已经开通的地铁的运营情况，所有城市的地铁总的每年输送旅客数达 23.90 亿人次，人均乘坐地铁次数为 126 次；分城市看，首尔地铁系统在 2003 年输送了 20.12 亿人次旅客，平均每位市民当年乘坐了 197 次地铁，每 1.85 天就乘坐一次地铁，而釜山、大邱和仁川的地铁系统分别输送旅客 2.64 亿人次、2600 万人次及 7400 万人次，人均乘坐地铁次数分别为 74 次、21 次和 30 次。从地铁的运营数据看，韩国地铁的运营强度并不平均，首尔的地铁运营强度显著高于其他城市，效率最高；其他城市的地铁系统由于尚不完善，效率仍然较低。

表 3.7　2003 年韩国地铁运营状况

	全体	首尔	釜山	大邱	仁川
每年输送旅客数(百万人次)	2390	2012	264	26	74
城市人口(百万人)	19	10.2	3.7	2.5	2.6
人均乘坐地铁次数(次)	126	197	71	10	28

注：受大灾影响，2003 年大邱的地铁运量仅为 2002 年的一半。
资料来源：韩国财政企划部。

如表 3.8 所示，从各个城市地铁的收入状况来看，2003 年韩国城市地铁的总营业收入为 13953 亿韩元，其中首尔地铁的营业收入高达 11724 亿韩元，是其他三个在 2003 年运营地铁的城市的地铁营业收入之和的 5 倍以上，在总营业收入中占绝大多数；从收入效率来看，韩国地铁每公里营业收入为 33.8 亿韩元，其中首尔地铁每公里营业收入高达 40.9 亿韩元，是釜山、仁川地铁的两倍左右，而大邱地铁因为 2002 年火灾而营运效率较低；从各个城市地铁的费用状况来看，2003 年韩国城市地铁的总营业费用高达 20069 亿韩元，其中首尔地铁的营业费用约为总营业费用的 3/4，由于有较高的固定成本，各个城市地铁的每公里营业费用差距不大，最高的首尔为每公里52.4亿韩元营业费用，最低的大邱约为每公里38.8亿韩元营业费用；由于营业费用高于营业收入，2003年韩国城市地铁出现6116亿韩元的总营业损失，其中首尔地铁的营业损失为总额的一半左右，营业损失最低的为仁川地铁，仅为640亿韩元；若关注每公里营业损失，首尔地铁每公里仅损失11.4亿韩元，为所有城市中最低，表明首尔地铁的营运效率最高，其他城市的每公里营业损失约为首尔的两倍，因此需要进一步提高地铁使用量。

表3.8　2003年韩国地铁财务状况(亿韩元)

项目	总计	首尔	釜山	大邱	仁川
营业收入	13953	11724	1653	158	418
每公里营业收入	33.8	40.9	23.1	5.6	17.0
营业费用	20069	15031	2882	1098	1058
每公里营业费用	48.7	52.4	40.2	38.8	43.0
营业损失	−6116	−3307	−1229	−940	−640
每公里营业损失	−14.7	−11.4	−17.2	−33.2	−26.0
净损失	−9760	−6230	−1595	−1350	−585
每公里净损失	−23.7	−21.7	−22.3	−47.7	−23.8

注：仁川地铁有正的营业外收入，因此弥补了部分营业损失；净损失是指净利润为负的时候的亏损。

资料来源：韩国交通研究所。

2. 城市地铁债券的发行

由上文可知，韩国的城市地铁债券是强制性债券，在所在城市发生某些行为时必须强制购买城市地铁债券。表3.9给出了哪些行为的发生需要强制购买城市地铁债券以及购买的金额，可知需要购买城市地铁债券的行为一般为某些登记或许可，特别是博彩、赌博、酒类和狩猎等行业。在这些行为内部还区分新登记和变更登记两种类型，每种类型的购买额度不同，新登记所需要购买的城市地铁债券一般较多。购买城市地铁债券的金额或者为固定值，或者为某种税收的固定百分比或交易本身金额的一定百分比。大部分许可需要购买的城市地铁债券为固定值，公司注册和签署建筑承包合同为资本的0.1%或发包额的一定百分比，土地性质变更许可为土地面积乘以一定的乘数，汽车注册为登记税的一定百分比或者是固定值，建造机器为所得税的0.5%。从固定值的金额来看，赌博、狩猎等行为需要购买的城市地铁债券较多，例如新发放的赌场许可需要购买450万韩元的城市地铁债券；而新发放的狩猎执照需要购买75万韩元的城市地铁债券。

表 3.9　需要购买城市地铁债券的行为及金额(截至2004年8月)

行为	购买额
汽车注册	登记税的一定百分比或固定值
汽车租赁	固定值
汽车销售	固定值
建造机器	所得税的0.5%
食品营业许可	固定值
旅游住宿	固定值
娱乐场所许可	固定值
公司注册	资本的0.1%

（续表）

行为	购买额
博彩许可	固定值
商业体育设施登记	固定值
猎枪许可	固定值
狩猎执照	固定值
酒类销售许可	固定值
酒类制造许可	固定值
签署建筑承包合同	发包额的一定百分比
土地性质变更许可	土地面积的倍数
赌场许可	固定值

表3.10显示了2001—2003年韩国六大城市发行城市地铁债券的金额及数量。结果显示，2001—2003年中，2002年的城市地铁债券总发行金额最高，超过1万亿韩元。这一期间，城市地铁债券发行金额占地方收入的比重为1.12%。[①] 分城市来看，首尔的城市地铁债券的发行金额超过总发行金额的半数，说明首尔地铁仍处于快速建设期中，首尔地铁在韩国城市地铁中的地位将进一步提高。此外，虽然上文曾描述诸多交易或行为均被要求强制购买城市地铁债券，但汽车登记需要购买的城市地铁债券为城市地铁债券发行的主要组成部分。根据表3.10和表3.11中的数据，2001—2003年间，与汽车登记相关的城市地铁债券发行金额平均

① 作者根据相关数据自行计算得出。

占城市地铁债券总额的79.9%。

表3.10 六大城市的城市地铁债券发行金额(百万韩元)

年份	总和	首尔	釜山	大邱	仁川	光州	大田
2001	867765	482750	135917	109834	48264	51000	40000
2002	1004708	561651	156240	111853	70964	60000	44000
2003	947905	549029	142106	111551	26219	60000	59000

注:首尔统一中文名称在2005年之前为汉城。
资料来源:内部资料。

表3.11 六大城市的与汽车登记相关的城市地铁债券发行金额(百万韩元)

年份	总和	首尔	釜山	大邱	仁川	光州	大田
2001	679115	416472	98425	67121	36505	32771	27821
2002	820291	498762	118945	81832	50333	39603	30816
2003	754735	477509	107887	75680	19099	36768	37792

注:图表3.10。
资料来源:内部资料。

表3.12显示出韩国城市地铁债券的偿还期限和发行利率。除首尔外,韩国城市地铁债券的偿还期限一般为5年,利率为2.5%(复利),相当于年化收益率为2.62%。首尔的城市地铁债券的偿还期限为7年,前五年的利率结构与其他城市的城市地铁债券相同为复制,最后两年为单利,即其年化收益率较其他城市的城市地铁债券更低。截至2004年10月20日,首尔的城市地铁债券的购买市价为面值的88.5%,其他城市的城市地铁债券的购买市价为面值的92.5%,表明由于票面利率低,城市地铁债券存在一定的折价,且首尔的城市地铁债券的折价更为严重。从发行利率来看,

2004年全年，韩国5年期国债的平均收益率为4.33％，3年期企业债的平均收益率为4.79％。也就是说，韩国通过强制性债券的手段，强制要求地铁所在城市的受益人以低于市场利率的票面利率购买城市地铁债券，从而使得城市能够以较低的利率进行融资。

表3.12　韩国城市地铁债券的偿还期限和发行利率

	首尔	釜山	大邱	仁川	光州	大田
偿还期限	7年	5年	5年	5年	5年	5年
利率（复利）	2.5％（前5年为复利，其余单利）	2.5％	2.5％	2.5％	2.5％	2.5％
购买市价	88.5％	92.5％	92.5％	92.5％	92.5％	92.5％

注：购买市价以2004年10月20日为准。
资料来源：韩国财政企划部。

韩国的城市地铁债券能够进入小型公债与市政债券市场进行交易。市场化交易后，韩国城市地铁债券的收益率较5年期国债的收益率更高，且利差保持在1个百分点左右（见图3.2），表明市场认为城市地铁债券的风险高于国债，或者城市地铁债券的流动性低于国债。同时，首尔城市地铁债券和其他城市地铁债券的收益率差别不大，由于利率较低的缘故，首尔城市地铁债券的收益率略高于其他城市地铁债券。可以认为，发行城市地铁债券是韩国为了解决地方政府建设城市地铁时的中央支持和地方财力不足问题，而通过强制方式向当地居民征收的一种变相"税收"，这种方法既能够解决资金不足问题，也为地铁建设提供了廉价资金，但当地居民遭受了损失。

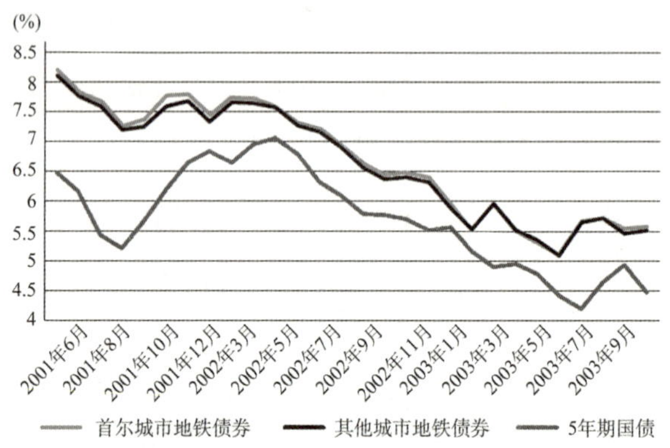

资料来源：韩国证券交易所。

图 3.2 韩国首尔城市地铁债券和其他城市地铁债券与国债的市场收益率对比

3.2.2 韩国城市地铁债券的管理与评价

1. 城市地铁相关的政策沿革

• 1990 年以前，韩国城市地铁的建设由中央政府提供融资支持，支持规模等完全由中央政府自行决定，没有成型的法律依据。

• 1991 年，韩国颁布《城市铁道法》，并将中央政府对地方政府修建地铁的财政支持比例以法令形式固定下来，其中首尔的资金配套率为 25%，其他广域市为 30%。然而，地方政府仍需承担剩余的建设资金，从而成为地方财政巨大的负担。因此，1997 年中央政府将配套资金的比重增加至 50%（首尔为 40%），并且在剩余的建设资金中，允许地方政府发行地方债务（上限为 20%），以减小地方政府的财政压力。

• 2000 年，城市地铁政策又发生变更，50% 的中央配套资金政策可以回溯至 1991—1997 年的地铁建设资金（虽然该政策在 1997

年才颁布)。

・21 世纪初期,韩国中央政府开始采取增加补助、延长建设期及取消某些地铁建设计划的措施,以减轻地方政府的债务负担。

・同一时期,地方政府也开始注意到地铁债务问题,1999 年首尔制定了《管理地铁债务特别计划》,引进了债务削减基金,并每年至少将 50%的一般预算盈余①引入其中。

2. 城市地铁债券政策频繁变动的原因

与其他债务相比,韩国城市地铁债券的管理政策变动频繁,表明中央政府使用各种手段来解决地方政府建造城市地铁时产生的大量债务问题。客观上说,地铁的工程量大、造价高,本身容易引致大量债务,但韩国的城市地铁债券难以有效控制仍有其制度原因。

首要的原因是中央政府和地方政府责任不清。之前提到,1990 年之前,城市地铁建设的资金由中央政府提供且比例随意,因此地方政府的激励是向中央政府寻求帮助,以满足其自身的建设冲动;1991 年之后,《城市铁道法》的颁布为中央政府和地方政府划分了清晰的责任。但一方面 1991 年《城市铁道法》规定的财政支持比例不合理,地方政府财政负担过重,导致这一比例无法真正实行,中央政府不得不频繁调整比例,并动用其他的补助手段,从而使得法令规定的财政支持比例成为一纸空文;另一方面,1989 年成

---

① 地方政府的预算盈余由韩国的行政安全部控制使用,因此 2001 年当时的政府管理及国内事务部(即现在的行政安全部的前身)在《地方债务发行指引》中规定政府预算盈余可用于债务削减基金。

立的釜山交通局为中央政府管理的公营企业，因此建设釜山地铁所发行的釜山交通债券归于中央政府债务，这就向其他地方政府发送出地铁建设的债务可以转化为中央政府债务的信号，进一步淡化了法令的可置信程度。中央政府和地方政府的权责不清及规定本身的不合理性使得“硬约束”转化为“软约束”，地方政府有不顾地方财政状况、盲目进行地铁建设的冲动，导致城市地铁债券膨胀。

第二个原因在于政府和公营企业的权责不清。从纯粹的法律角度上来说，韩国城市地铁公司的预算与地方政府无关，因此地方政府债务定义的模糊性也导致城市地铁债券难以管理。地方政府一方面游说中央政府以获取地铁补贴，另一方面把债务转移至地铁公司的预算中，从而使自身的财政状况显得非常健康。直到20世纪90年代中期，一位国会议员指出如果加上公营企业债务，韩国地方政府债务的规模将显著高于纸面上的统计数据。这一提议虽然没有直接关系到城市地铁债券，但韩国国内达成了公营企业债务透明化和系统化的共识。

第三个原因与韩国的价格控制政策相关。韩国的公共设施价格（例如水费、电费）都显著低于市场价格，地铁的收费也远低于偿还债务所需的最低市场价格，甚至会出现营业亏损。2001年，韩国首尔、釜山、大邱和仁川的地铁系统运营亏损分别为5090亿韩元、670亿韩元、880亿韩元和900亿韩元。受控制的地铁票价导致地铁公司和地方政府难以获得足够的还本付息资金，进一步加剧了韩国的城市地铁债券问题。

3.2.3　首尔城市地铁的建设与债务

如表 3.13 所示，首尔城市地铁于 1971 年开始建造，1974 年 1 号线建成通车，运行区间为“首尔—清凉里”，长度约 7.8 公里。首尔城市地铁的建设总共经历了三期：第一期为 1—4 号线，建设期间为 1971—1985 年，总长度 118 公里，造价 23926 亿韩元；第二期分两个阶段，第一阶段为 2 号线延长、3 号线延长、4 号线延长、5 号线（江西）和 5 号线（江东），总长度 48.1 公里，建设期间为 1989—1996 年，总造价为 23820 亿韩元；第二期第二阶段分两次，第一次为 5 号线（中心）、5 号线（支线）、7 号线（江北）和 8 号线，总长度 53.2公里，建设期间为 1990—1996 年，总造价为 27490 亿韩元；第二期第二阶段第二次为 6 号线、7 号线（江南）和 8 号线延长，总长度 67.7 公里，建设期间为 1994—2000 年，总造价为 46146 亿韩元；第三期为 9 号线、3 号线延长和 7 号线延长，总长度 110.5 公里，总造价为 38309 亿韩元，2010 年完工（见表 3.13）。因此，韩国地铁建设的模式体现为造价不断提高，除第一期外建造长度不断上升，建造高峰从 20 世纪 80 年代持续到 21 世纪头十年。

表 3.13　首尔城市地铁建设概况

线路	区间	总长度（公里）	建设期间	造价（亿韩元）
第一期		118		23926
1 号线	首尔—清凉里	7.8	1971—1974 年	330
2 号线	市政府前—市政府前	54.2	1978—1984 年	8771
3 号线	纸柜—良才	27.7	1980—1985 年	7254

（续表）

线路	区间	总长度（公里）	建设期间	造价（亿韩元）
4号线	上溪—舍堂	28.3	1980—1985年	7571
第二期第一阶段		48.1		23820
2号线延长	新道林—喜鹊山	6	1989—1996年	1550
3号线延长	良才—水西	7.5	1989—1993年	3122
4号线延长	舍堂—南泰岭，上溪—党摇	3.4	1989—1994年	720
5号线（江西）	金浦—汝矣岛	16.7	1990—1996年	9295
5号线（江东）	往十里—古德	14.5	1990—1995年	9133
第二期第二阶段第一次		53.2		27490
5号线（中心）	汝矣岛—往十里	14.1	1990—1996年	8806
5号线（支线）	吉洞—巨余	7	1990—1996年	2981
7号线（江北）	上溪—华阳	19	1990—1996年	9206
8号线	蚕室—城南	13.1	1990—1996年	6497
第二期第二阶段第二次		67.7		46146
6号线	驿村—新内	35.1	1994—2000年	25496
7号线（江南）	华阳—温水	28	1994—2000年	18645
8号线延长	岩寺—蚕室	4.6	1994—1999年	2005
第三期		110.5		38309
9号线	金浦—盘浦	25.5	2001—2007年	23990
3号线延长	水西—梧琴	3	2003—2009年	4397
7号线延长	温水—富平区	9.8	2003—2010年	9922

资料来源：城市铁路建设交通部。

表3.14　首尔城市地铁建设中的中央政府支援情况（亿韩元）

项目	建设期间	经费	中央政府支援状况
地铁第一期（1—4号线）	1971—1985年	23926	建设费的2.7%（649亿韩元）由政府支援
地铁第二期第一阶段（2—5号线）	1989—1996年	23820	全额自费建设
地铁第二期第二阶段（5—8号线）	1990—2000年	363	中央政府支援21671亿韩元（包括3450亿韩元的贷款），分别为1990—1997年间建设费的25%，1998年以后建设费的40%
总计		121382	中央政府支援22320亿韩元（建设费的19%）

资料来源：城市铁路建设交通部。

从地铁建设的出资来看，首尔城市地铁的建设经费主要以地方自筹为主。如表3.14所示，地铁第一期和第二期第一阶段（1971—1996年）的建设经费几乎完全是首尔自筹，中央政府仅在第一期中支援649亿韩元；第二期第二阶段，中央政府加大了支援力度，共支援21671亿韩元（1990—1997年间建设费的25%，1998年以后建设费的40%）；从1971年到2000年，首尔地铁建设费总计118042亿韩元，中央政府支援22320亿韩元，仅占建设费的19%。

主要由地方自筹资金导致首尔市政府及地铁公司为修建地铁而不得不进行债务融资，其中负债主要由三部分构成。根据表3.15中的数据，截至2003年，首尔市政府负债约为9008亿韩元，首尔地铁公社负债约为32011亿韩元，首尔都市铁道公社负债约为21838

亿韩元，其中首尔地铁公社和首尔都市铁道公社为首尔市的公营企业，其承担的债务比例约为85.7%。因此，正如上文所言，首尔城市地铁负债的大部分由当地的公营企业承担，真正由首尔市政府直接承担的债务较少。

表3.15　2003年首尔城市地铁负债情况(亿韩元)

	总债务	本金	利息
首尔市政府	9008	7215	1793
首尔地铁公社	32011	25749	6262
首尔都市铁道公社	21838	18075	3763
总计	62857	51039	11818

资料来源：城市铁路建设交通部。

从营运情况来看，运营首尔城市地铁的两家公营企业也一直处于亏损状态中。首先观察这两家公司的营业余额，即单纯营运地铁的财务状况，结果显示1996—2003年间，两家地铁公司仅运营地铁就出现亏损(见表3.16)：首尔地铁公社年均营业亏损1560.4亿韩元，首尔都市铁道公社年均营业亏损1816.5亿韩元；加上营业外收入和营业外支出(主要为支付利息)后，两家公司的财务状况更加恶劣，年均经常亏损额分别为3357.9亿韩元和3427.25亿韩元；在上述收入和支出之外，地铁公司还需偿还在1996—2003年间呈上升趋势的债务到期的本金，两家地铁公司的年均偿还本金分别为5254.6亿韩元和3730.9亿韩元；最后，两家公司能够收到中央政府支援，但对于其巨额亏损仍然无济于事，最终的财务收支均为大幅亏损，平均额度分别为5481.5亿韩元和4541.0亿韩元(首尔都市铁道公社偿还本金较少，因此亏损额也更低)。上述数据表明，即使是人流密集、使用效率较高的首尔城市地铁仍然不能摆脱“负债建设、亏损运营”的状态，且负债和亏损主要由地方政府的公营企业承担。沉重的债务成为地铁公司巨大的财务包袱，使得其营运亏损雪上加霜，再加上中央政府支援不足，韩国地铁公司只能通过不断地增发城市地铁债券来满足地铁运营。由于城市地铁债券属于强制性债券，这部分融资还是可以保证的。

表3.16 1996—2003年首尔城市地铁运营收支情况

年份			1996	1997	1998	1999	2000	2001	2002	2003
首尔地铁公社	运营收入(A)	小计	5112	4978	5404	5525	6057	6764	6879	7722
		营业收入(A1)	4835	4788	5042	5390	5959	6656	6771	7560
		营业外收入	277	190	362	135	98	108	107	162
	运营费用(B)	小计	7959	8562	8860	8322	10430	10249	10515	10412
		营业支出(B1)	6018	6355	6482	6403	8428	8407	8593	8798
		营业外支出(支付利息)	1941	2207	2378	1919	2002	1842	1922	1614
	营业余额(A1—B1)		-1183	-1567	-1440	-1013	-2469	-1751	-1822	-1238
	经常余额(A—B)		-2847	-3584	-3451	-2797	-4373	-3485	-3636	-2690
	偿还本金(C)		3292	3830	5230	4581	5298	6201	4865	8740
	中央政府支援(D)		1000	1445	1849	2500	3345	4024	2928	7957
	财政收支(A-B-C+D)		-5139	-5969	-6832	-4878	-6326	-5662	-5573	-3473
首尔都市铁道公社	运营收入(A)	小计	485	1453	1595	1569	2277	3854	3943	4266
		营业收入(A1)	415	1324	1333	1517	2109	3374	3634	4161
		营业外收入	70	129	262	142	168	480	309	105
	运营费用(B)	小计	1971	5452	5178	5114	6269	7914	7246	7806
		营业支出(B1)	1719	4010	3531	3567	4794	6721	5924	6233
		营业外支出(支付利息)	252	1442	1647	1547	1475	1193	1322	1573
	营业余额(A1—B1)		-1304	-2686	-2198	-2050	-2685	-3347	-2290	-2072
	经常余额(A—B)		-1486	-3999	-3583	-3455	-3992	-4060	-3303	-3540
	偿还本金(C)		—	337	1169	3064	3685	5835	7943	4083
	中央政府支援(D)		700	1550	1724	2050	2175	2944	1844	4759
	财政收支(A-B-C+D)		-786	-2786	-3028	-5009	-5502	-6951	-9402	-2864

资料来源：城市铁路建设交通部。

3.3 韩国城市住房建设

韩国位于朝鲜半岛南部，面积约为10万平方公里，其国土的2/3是山地，平原仅占总面积的约30%。然而，在快速工业化时期，韩国人口从1960年的约2500万人增加至1990年的约4300万人。快速增加的人口特别是快速增加的城市人口，使得韩国面临人多地少、住房紧张的矛盾。为了解决这个问题，政府在韩国住房市场中扮演了非常重要的角色，也因此背负了较重的财政负担。然而与韩国解决很多其他问题类似，韩国住房市场的快速发展时期主要由中央政府主导，地方政府在住房提供中起到的作用在发展后期才逐渐显现。

3.3.1 韩国住房条件演化趋势

韩国一直存在较为严重的住房供需矛盾，具体情况见表3.17。从全国看，1960年全国住房存量358.7万套，全国户均住房0.82套；到1987年，全国住房存量610.4万套，全国户均住房0.64套，是历史上户均住房的低点。这说明韩国在快速发展时期，住房供给速度甚至无法跟上全国人口增长速度。加上城镇化效应后，韩国城市的住房供需矛盾更为突出。1960年，城市住房存量82.5万套，城市户均住房0.66套；1980年，城市住房存量246.8万套，城市户均住房仅为0.53套。韩国的住房供需矛盾在

1990 年之后得到缓解，地方政府自治化之后进行的大规模建设导致大量住房涌入市场，从而使得 2000 年全国户均住房达到 0.8 套，城市户均住房达到 0.75 套。此外，由于建设主要集中于城市地区，城市户均住房与全国户均住房的差值从 1980 年的 0.14 套降低到 2000 年的 0.05 套。

表 3.17　韩国住户数及住房存量数(分全国和城市)

	1960 年	1970 年	1975 年	1980 年	1985 年	1990 年	1995 年	2000 年
全国人口(万人)	2498.9	3143.5	3467.9	3740.7	4042.0	4339.0	4455.4	4598.5
全国住户数(万户)	436.3	585.7	676.1	797.1	957.1	1135.7	1296.1	1431.2
全国住房存量(万套)	358.7	436.0	473.4	531.9	610.4	737.4	957.9	1147.2
全国户均住房	0.82	0.74	0.70	0.67	0.64	0.65	0.74	0.80
城市住户数(万户)	125.3	252.5	—	467.0	—	846.6	1003.4	1122.9
城市住房存量(万套)	82.5	139.8	—	246.8	—	474.9	677.4	839.3
城市户均住房	0.66	0.55	—	0.53	—	0.56	0.68	0.75

资料来源：历年《韩国统计年鉴》。

图 3.3 更加清晰地反映了住户与住房存量的增长关系。从全国范围看，从 1960—1990 年全国住户的年均增长速度均快于全国住房存量的年均增长速度，直至 1990—2000 年之后这一关系才得以逆转；而在城市中，1980 年以后城市住房存量的年均增长速度就已经超过城市住户的年均增长速度，城市的住房紧缺更快地得到解决。

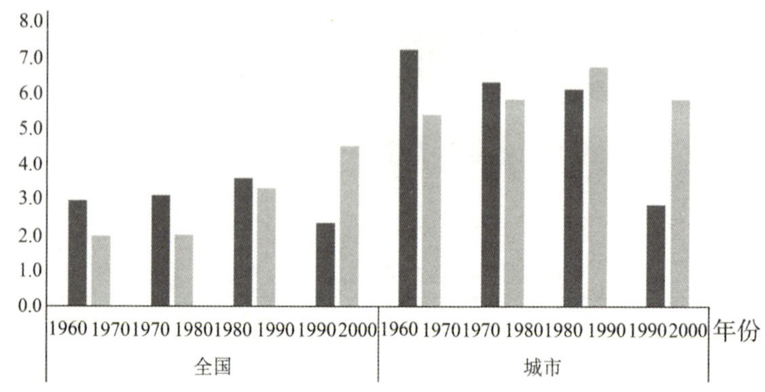

资料来源：历年《韩国统计年鉴》。

图 3.3 韩国住户与住房存量年均增长率(分全国和城市)

韩国自有住房率呈现出与户均住房类似的趋势。1960 年，韩国全国和城市的自有住房率分别为 79.1%和 62%，到 1990 年已经分别下降为 50.6%和 41.6%(见图 3.4)。1990—2000 年，韩国全国自有住房率有一定的回升，城市自有住房率暂无数据，估计趋势类似。值得注意的是，1980—1990 年间，韩国城市户均住房有所回升，但自有住房率还在下降通道内，说明韩国城市租房市场较为繁荣。[①]

① 需要提到的是，除普通的月租之外，韩国城市租房市场有一种特殊的全租(称为传貰)形式。租户需付给房主一笔数额较大的保证金(一般是房价的 1/3 或1/2，若之后房价下跌甚至可能超过房价)，但无需缴纳租金；房主可通过对这笔钱进行投资，获得补偿。租约期满后，房主将保证金交还租户。

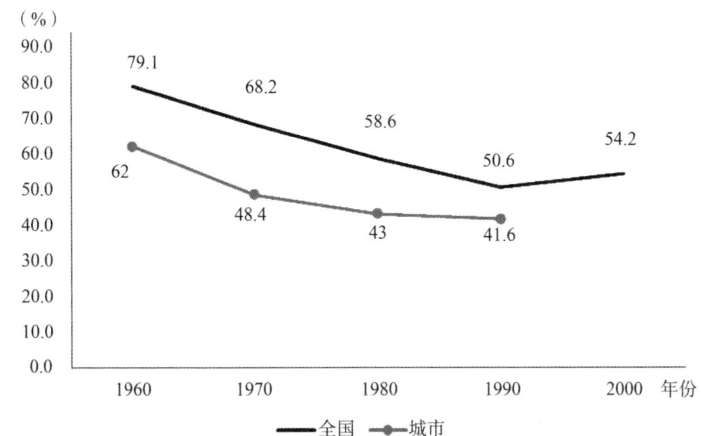

资料来源：历年《韩国统计年鉴》。

图 3.4　韩国自有住房率

3.3.2　韩国土地与住房供给

1960—1970 年　这一阶段需要应对的是工业化和城镇化。为了应对城市特别是首尔、釜山等大城市的产业集聚与人口的快速增长，韩国政府制定了一系列法律，强调土地的增长与开发。然而，快速增长的土地主要流向产业部门而非居民部门，此时韩国政府并不重视住房供给；同时，虽然韩国于 1962 年创立了韩国国家住房公司(KNHC)，于 1967 年成立了韩国住宅银行(KHB)，但这些机构能够得到的金融支持非常有限，因为这一阶段的金融资源也同样倾向于产业部门。这一时期，住房的供应商主要是小地主和小开发商，没有产生全国性的住房供应商。这一时期，韩国人民的居住条件也较差，仍有部分民众居住在联合国援建的难民营中，大部分居民则合住一套住房。[①]

1970—1980年　20世纪60年代后期，快速工业化和城镇化导致对土地的需求激增，地价上升而土地投机开始盛行。与此同时，首尔、釜山等城市的移民涌入速度不减，甚至有所增加，导致韩国政府不得不开始重视超大城市形成过程中可能出现的问题。上述两个因素导致韩国政府将土地政策调整为增长与限制并存：增长主要体现在促进东南沿海的蔚山、浦项、马山等新兴工业城市的发展；而限制则体现在划分开发闲置区与绿化带，至1976年在14个城市周围划定了5317平方公里（国土面积的5.4%，同期城市规划面积的36%），禁止在该区域内进行城市开发活动。在住房政策层面，韩国持续的住房短缺、土地投机和房价暴涨等问题导致韩国一方面开始打击土地和不动产投机：韩国政府于1968年颁布了《关于抑制不动产投机的特别税法措施》，设置并实施了不动产投机抑制税，分别对土地转让和土地闲置予以课税；于1978年又颁布了《抑制不动产投机及谋求地价稳定的综合对策》，将转让不动产时所需要缴纳的转让所得税由30%提升到50%；还制定了其他各种政策。另一方面，韩国也开始注重住房供给：1971年韩国政府制定了《第一个住房建筑十年规划（1972—1981）》，并提出“一户一套住房”的口号，计划在10年内完成250套住房；韩国政府先后在1972年和1980年颁布了《住宅建设促进法》和《宅地开发促进法》，并在1978年成立了韩国土地开发公司，该机构成为后来韩国住宅

① 如表3.17所示，1970年城市户均住房数甚至大于1980年，并不是说1980年住房条件更差，实际上住房质量得到了巨大提升，但这无法从数据中反映出来。

供给的主要力量之一。由于韩国的城市人口还在不断增长，而且韩国的人均收入不断提高，因而对住房的实际需求增长很快，但 20 世纪 70 年代韩国的住房供给政策成效并不高。在供给端，虽然韩国政府加大了土地、金融等方面的支持，但由于工业化也在同时进行中而直接推高了建筑材料和建筑工人的成本，导致住房建筑成本迅速增加，因而 20 世纪 70 年代中后期住房供给的增速放慢，住房供给计划并未完成。

20 世纪 80 年代，韩国继续加强了对土地的供给，同时也开始在制度方面进行探讨和改良。首先，韩国大幅增加了可开发地特别是城市可开发地的供给，以满足巨大的住房需求。1988 年韩国城市人均可开发地为 25.03 平方米（见表 3.18），逆转了自 20 世纪 70 年代以来人均可开发地快速下降的趋势。第二，韩国改革了土地供给的主体机构，1980 年颁布的《宅地开发促进法》促使土地公营机构凭借公共权力全面收购和开发所需要的土地，并以低于市场价的方式出售或出租。第三，对土地交易行为实施了一定的限制。1984 年修订的《国土利用管理法》在可能进行土地投机的地区划定了土地申报区，区内的土地交易必须进行申报和审批，地方政府有权对交易契约予以废止。在住房建设方面，韩国加大了韩国国住房公司、韩国住宅银行和地方性准公共机构的供给；同时，韩国政府还对私有住房建设部门进行重组，并重点支持大型的开发商（认为小型开发商容易导致市场波动，并忽视基础设施、环境保护等问题）。在金融方面，1981 年韩国国民住宅基金（KNHF）成立，专门针对公共住房的建设和更新提供金融支持，其他金融机构也开始广泛地参与住房市场；具体而言，韩国住宅银行和韩国国民住宅基金主要提供开发贷款，而商业银行和保险公司则面向市民为购买住房提供金融支持。在这种背景下，韩国新住房供给中出现了价格被管制的住房和价格不被管制的住房这两类住房，而且价格被管制的住房的覆盖面逐渐增大，到1990年已经占90%以上。为了配合价格被管制的住房的分配，韩国也实施了广泛的住房相关储蓄计划，参加这些储蓄计划并且收入和租房年限均满足一定条件的合法住户有资格购买公共部门提供的住房。

表 3.18 韩国可开发地供应情况（全国和城市）

	全国				城市地区			
年份	1973	1981	1988	1999	1973	1981	1988	1999
可开发地（平方公里）	1270	1733	1879	2302	470	580	774	1453
总土地面积（平方公里）	98758	99016	99237	99434	4106	6070	8740	39962
可开发地占比	1.29%	1.75%	1.89%	2.32%	11.45%	9.56%	8.86%	3.64%
人均可开发地（平方米）	37.24	44.75	44.72	49.13	31.36	24.92	25.03	34.6

资料来源：Kim(2002，表 1)。

从上文的叙述中可知，韩国的住房供给可以大致分为公共部门供给和私人部门供给两大类。如表 3.19 所示，1971 年之前，私人部门主导了韩国住房的供给，占比近 90%；1972 年以后，公共部门逐渐加大了介入力度，到 1985 年私人部门的住房供给仅约占

54%,公共部门和私人部门的住房供给基本相当;1986 年以后,住房短缺矛盾有所缓解,因此公共部门的住房供给有所下降,私人部门的住房供给又回到 60%以上。

表 3.19 分主体的韩国住房供给(万套)

期间	总计	公共部门							私人部门	
		中央政府	地方政府	KNHC	KHB	其他	建筑数小计	比重	建筑数	比重
1962—1966 年	325.9	16.3	—	4.6	3.0	16.0	39.9	12.2%	286.0	87.8%
1967—1971 年	540.3	16.8	—	7.7	45.4	—	69.6	12.9%	470.7	87.1%
1972—1976 年[a]	760.6	—	—	54.4	—	—	228.8	30.1%	531.8	69.9%
1977—1981 年	1116.0	27.2	197.0	158.7	112.3	4.1	495.4	44.4%	620.7	55.6%
1982—1985 年	866.8	3.7	152.7	151.9	64.3	33.0	396.4	45.7%	470.4	54.3%
1986—1990 年	2062.0	16.3	157.6	230.6	415.5	181.4	865.9	42.0%	1196.0	58.0%
1991—1995 年	3126.0	—	116.4	352.5	606.4	5.5	1081.0	34.6%	2045.0	65.4%
1996—2000 年	2333.0	—	17.5	254.1	602.4	—	874.1	37.5%	1459.0	62.5%

注:a 这一段时间的数据应该有较大的缺失,例如地方政府在后一期间的住房供给就达到 197 万套,但在本期无数据;同时 KHB 的供应从前一期间的 45.4 万套跃升到后一期间的 112.3 万套,而本期数据缺失。公共部门供给的住房总套数也与各分支加总有较大差距(缺口大约在 170 万套左右,应该就是缺失的地方政府和 KHB 的数据)。

资料来源:韩国国家住房公司。

然而在公共部门内部,住房供给结构也有较大的变化。根据表 3.19 中的数据,1976 年以前,公共部门主要由中央政府及中央公营企业 KNHC 和 KHB(即韩国国家住房公司和韩国住宅银行)供给住房;到 1977—1985 年,地方政府的住房供给量显著增加，中央政府逐渐淡出，同时中央公营企业也在加大住房供给量。这一时期，地方政府的住房供给占整个公共部门住房供给的比重达到近40%，而两大中央公营企业的住房供给大约占比为55%。1986年以后，地方政府的住房供给量逐渐减少，占比则从近40%下降到1991—1995年的11%，在1996年之后甚至下降至2%；同时两大中央公营企业的占比则从55%上升至1991—1995年的89%，到1996年之后则占据了主要的公共部门住宅供给。因此，地方政府供给住宅的责任最重大时期是1977—1985年(也可扩展到1977—1990年)，此时地方政府尚未实现自治。

3.3.3 韩国国民住宅基金

随着城镇化的深入，韩国城镇人口的数量急剧增加。人们对住宅的需求尤其是大城市的住宅需求大大增加，但住宅建设不足导致住宅供不应求，从而使得大城市低收入人群的居住条件不断恶化。上述问题是城镇化过程中各国普遍出现的问题。要解决这一问题，需要扩大小型住宅的供给，并配套相应的资金。因此，为稳定供应小型住宅的建设资金，更加有效地增加住宅供给，韩国设置了国民住宅基金。

韩国国民住宅基金的法律依据是韩国《住宅法》第60条第1款，该基金由国民住宅债券、请约储蓄、融资金回收、财政借入金等资金构成，为建设国民住宅的住宅事业者与欲购入或租赁住宅的个人需要者提供资金支持。

1. 国民住宅基金的沿革

韩国国民住宅基金的沿革见表3.2。

表 3.2　国民住宅基金的沿革

1972 年 12 月 30 日	制定《住宅建设促进法》
1973 年 1 月	在韩国住宅银行设置国民住宅资金账户
1973 年 3 月 2 日	国民住宅债券最初发行
1981 年 7 月 20 日	设置国民住宅基金，向韩国住宅银行委托基金业务（由国民住宅资金账户向韩国住宅银行委托资产 5404 亿韩元）
1982 年 1 月 1 日	变更国民住宅债券发行主体（韩国住宅银行→财经经济院）
1994 年 4 月 1 日	购入和平银行劳动者住宅，实行全租的租赁方式
1997 年 8 月	韩国住宅银行民营化
2001 年 1 月 27 日	将基金的运用、管理业务委托机构从韩国住宅银行变更至建设交通部长官指定的金融机构 （2001 年 11 月 1 日韩国住宅银行与国民银行合并）
2002 年 11 月 1 日	选定国民住宅基金的再委托银行（我们银行、农协中央会）
2003 年 2 月 1 日	再委托银行办理贷款及请约储蓄业务
2006 年 1 月 1 日	再委托银行开始办理国民住宅债券业务
2008 年 1 月 25 日	再选定国民住宅基金的受托机构（5 家银行） （5 家银行分别为总体受托机构我们银行和农协银行、新韩银行、韩亚银行、企业银行等一般受托机构）
2008 年 4 月 1 日	新的受托银行开始办理业务 （我们银行仅负责基本账户管理业务）
2013 年 1 月 10 日	再选定国民住宅基金的受托机构（6 家银行） （6 家银行分别为总体受托机构我们银行和农协银行、新韩银行、韩亚银行、企业银行、国民银行等一般受托机构）
2013 年 4 月 1 日	新的受托银行开始办理业务

2. 国民住宅基金管理体系及资金来源

管理主体:国土交通部长官(确定每年的国民住宅基金运用计划,制定或改订相关法令并确定住宅综合计划,调配政府部门的资金,管理、监督受托机构)。

总体受托机构:我们银行长(执行并管理总括业务,发行国民住宅债券,办理请约储蓄、国民住宅基金贷款的审查及运用、贷款资金的管理等业务)。

一般受托机构:农协银行长、新韩银行长、韩亚银行长、企业银行长、国民银行长(发行国民住宅债券,办理请约储蓄、国民住宅基金贷款的审查及运用、贷款资金的管理等业务)。

国民住宅基金的资金来源包括国民住宅债券、特殊储蓄、各种转入金、年金及利息收入等。具体如表 3.21 所示:

表 3.21 国民住宅基金的资金来源

资金来源	内容	年利率	期限
第一种国民住宅债券	登记、登录,建设公司承保协议,获得批准时发行	2.25% (2012 年 8 月 1 日—2013 年 4 月 30 日以前为 2.5%) (2001 年 8 月 1 日—2012 年 7 月 31 日以前为 3.0%) (2001 年 7 月 31 日以前为 5.0%)	5 年
第二种国民住宅债券	居住专用面积超过 85 平方米,并满足特定条件时发行	0%(1999 年 7 月 15 日以前为 3.0%)	10 年 (1999 年 7 月 15 日以前 20 年)

（续表）

资金来源	内容	年利率	期限
请约（综合）储蓄	为得到国民住宅的供给需要存入的储蓄（赋予入住者选定资格）	3.3%（未满 2 年为 2.5%；未满 1 年为 2.0%）	到抽中为止
农特会计预收金	农渔村构造改善特别会计账户的预收金	3.0%	5 年期 15 年分割
公共资金管理基金预收金	公共资金管理基金的预收金	国债利息+0.01%	20 年以内
彩票基金转入金	从彩票基金转入	—	—
一般会计转入金	从一般会计账户转入	—	—
再建造超额利润征收金	征收再建造超额利润	—	—
预收金	公务员、国民年金基金等	定期存款利率	3 年以内
融资金回收	回收到期的基金贷款资金	—	—
利息收入等	贷款的利息收入等	—	—

3.4 韩国地方公营企业

3.4.1 定义和分类

地方公营企业是指地方自治团体为增进居民的福利而直接或间接经营的企业,其职能适用于《地方公营企业法》所规定的事务,一般而言,公营企业的收入来源于公营企业的受益人。

地方公营企业应具备以下条件:第一,地方公营企业所从事的事务应为社会公共消费所需要的公益事务;第二,当年经费可充当事务经营收入;第三,企业性经营方式比其他运营方式更有效率;第四,地方公营企业具有地域性,需根据当地地域特性提供服务。

除地方政府外,中央政府也设立中央公营企业,中央公营企业与地方公营企业存在一定的差异,具体见表 3.22:

表 3.22 中央公营企业和地方公营企业比较

	中央公营企业	地方公营企业
事务领域与受惠范围	规模大,服务受惠范围为全国,多有下属子公司	多为规模小的事务,着眼于提供地方特殊性的与居民日常生活紧密联系的服务
设立依据	根据个别法规设立	根据一般法规《地方公营企业法》的条例设立
经营形式	政府投资机构、政府出资机构、政府再投资机构等独立法人设立运营	多为地方政府直接经营

根据企业与地方政府关系的不同，地方公营企业可分为以下三类（见表 3.23）：

（1）地方直营企业（直接经营）。

地方直营企业是指地方自治团体亲自设立的公营企业，属于特别会计账户类别，区分于实行独立会计运营的企业。地方直营企业提供地域居民的日常生活中不可或缺的服务，其公共性高，与地方自治团体的一般行政有机联系，因此适合地方自治团体的综合管理，由地方政府直接经营。其承担的代表性的事务有上水道、下水道、公营开发、地域开发。

（2）地方公社、地方工团（间接经营）。

间接经营方式是指地方自治团体设立独立法人，间接从事企业活动的方式。地方公社与地方工团由地方自治团体全额出资，属地方自治团体所有，两者的差别在于：地方公社可由地方自治团体以外的人或团体出资，但所出资金不能超过资本金的 50%（目前尚不存在），而地方工团不允许民间出资。此外，两者在所承担的事务方面也有分工。地方公社承担的大多是市场能够扮演较重要角色的公益性事务，包括城市开发、地铁、农产品流通等事务；而地方工团是为了提高地方自治团体一部分固有业务的专业性和技术性而设立的专门承担地方自治团体业务的公共代行机构，主要承担停车场、体育设施的管理等设施管理领域中的事务。

（3）地方公社、地方工团以外的独立法人（间接经营）。

这类地方公营企业又被称为第三部门株式会社型，是指地方自治团体的出资未达到资本金的 50%，而与地方自治团体以外的人或团体共同设立的株式会社法人(商法意义上)或财团法人(民法意义上),地方自治团体主要通过理事会的方式参与其管理。

表 3.23　地方公营企业的经营形式

经营形式			地方自治团体出资比率	备注
直接经营	地方直营企业		100%	政府组织形式
间接经营	地方工团		100%	不允许民间出资
	地方公社	全额出资	100%	
		过半出资	50%以上	
	地方公社、地方工团以外的独立法人		未满 50%	称之为第三部门(株式会社型)

资料来源:SohIl-Seob,"Financial Stability of Local Public Enterprises and Policies for Reducing Their Liabilities",working paper,Korea Institute of Public Finance,2013。

3.4.2　发展历程及现状

地方公营企业的数量从 1970 年的 7 个增加到 2012 年 7 月 1 日的 386 个(见表 3.24),其数量的持续增加得益于地方自治使得地方政府的职能由过去单纯的一般行政向以居民福利服务为主转换,因此地方政府也以企业的形式提供服务。

值得注意的是,以 1997 年爆发亚洲金融危机为转折点,之后韩国开始进行大规模的公营企业改革,主要目的是提高公营企业的经营效率并减少政府的财政负担,将公共性较弱或更适于托付给民间的公营企业彻底出售给民间。这项改革的主要对象是公营企业,包括 1998 年 6 月初协议优先出售的韩国通信、韩国电力、燃气公司、烟草人参公司、浦项制铁等 5 家大型公营企业和南海化学、韩国综合技术金融、国定教科书等 3 家小规模公营企业。但韩国地方公营企业的增长趋势并未逆转。

表 3.24　地方公营企业数量的增加趋势

年份	1970	1990	2000	2007	2011	2012 年 7 月 1 日
个数	7	131	234	339	379	386

资料来源：同表 3.23。

截至 2012 年 7 月 1 日，地方公营企业共有 386 个，其中地方直营企业 252 个，地方公社、地方工团 134 个。地方公营企业的具体构成见表 3.25。

表 3.25　地方公营企业的构成(2012 年 7 月 1 日)

总计	地方直营企业					地方公社、地方工团				
	上水道企业	下水道企业	公营开发企业	地域开发企业	小计	城市地铁企业	城市开发企业	其他公司	设施、环境、经济工团	小计
386	115	85	34	18	252	7	16	33	78	134

资料来源：同表 3.23。

其中，城市开发企业是指在特定的城市开发区域为建成具有居住、商业、产业、物流、通信、生态、文化、保健及福利等功能的城市地区而进行开发的开发企业。城市开发企业需指定城市开发区域，并在指定区域时同时制定开发计划。设立城市开发企业的主体为国家或地方自治团体、公共机构、政府出资机构以及地方公社、城市开发区域的土地所有者等。若要以换地方式制定开发计划，需得到适用换地方式的地域中占 2/3 土地面积的土地所有者全体和该地域土地所有者总数的1/2以上的同意，法律依据为《城市开发法》。

公营开发企业是指国家及公共团体根据社会、政策目的将民间土地买入并开发，将开发后的商业用地或住宅用地租赁或出售至民间的开发企业。公营开发是为计划性地在短期内开发大规模面积的土地并供给，从而满足激增的土地需求，维持土地供需稳定而实行的开发方式。这种方式是调整房地产市场中土地、住宅和商业用地的供需，稳定不动产市场的有效方式。公营开发企业以《城市规划法》、《宅地开发促进法》为依据，实行主体为政府与公共机构，即韩国土地开发公社、地方自治团体、韩国住宅公司等。

地域开发企业则类同于区域开发（regional development）企业，即以特定地域为对象进行综合开发的开发企业，通过建设铁路或公路、学校或教堂等，达到整个区域经济功能和福利的增加。

3.4.3 负债和经营状态

由于数据限制，目前仅能取得2007—2011年地方公营企业的财务数据，但不妨碍对韩国的地方公营企业进行详尽研究。

如表3.26所示，从资产、负债的总体情况来看，2011年末地方公营企业的资产为158.6万亿韩元，负债为67.8万亿韩元，所有者权益为90.8万亿韩元，分别为2007年的1.48倍，1.64倍和1.38倍；因此，债务—股权比率从2007年的62.5％小幅上升到2011年的74.7％；细分来看，2011年地方直营企业的资产与负债各自为

2007年的1.35倍，债务—股权比率由2007年的33.2%提高到2011年的33.5%，几乎保持不变。而从2007年到2011年地方公社、地方工团的资产增加0.61，负债增加30.78，债务—股权比率从110.1%上升到137.9%。可见，由地方政府直接经营的地方直营企业的债务—股权比率较低，而地方政府间接经营的地方公营企业的债务—股权比率较高，其原因一方面在于地方政府直接经营的企业有较好的财务纪律，另一方面在于地方公社、地方工团所从事的业务比较市场化，能够产生收益，因此更多地在金融市场中进行融资，而较低的价格则加剧了这些企业的财务负担。按类型来看，2007—2011年中负债规模增加最多的是城市开发企业及其他公司（市、郡、自治区开发公司和地方观光公司、农产品流通公司等），其负债率分别增加1.02倍和1.86倍，从而主导了全体地方公社、地方工团负债率的增加。

以2011年末为基准，将总体负债规模67.8万亿韩元按类型来看，城市开发企业（40.8万亿韩元）、地域开发企业（11.7万亿韩元）、城市地铁企业（6.3万亿韩元）的负债规模最大，其中城市开发企业的负债占全体地方公营企业负债的60.2%（见表3.26）。

如表3.26所示，地域开发企业和城市开发企业的债务—股权比率最高，分别为623.0%和286.6%。前者因发行地域开发债券为上水道企业、下水道企业、公营开发企业融资，其债务—股权比率自然较高；后者以住宅建设、宅地及商业用地开发等事务为主要职责，推进过程的初期需要土地补偿费等大量资金，这主要来源于债务融资（公司债、国民住宅基金、地域开发基金等）。

表 3.26 地方公营企业的资产负债规模（万亿韩元）

	2007 年				2011 年				倍数(2011 年/2007 年)	
	资产	负债	所有者权益	债务—股权比率(%)	资产	负债	所有者权益	债务—股权比率(%)	资产	负债
总计	107.3	41.3	66.0	62.5	158.6	67.8	90.8	74.7	1.48	1.64
小计:地方直营企业	54.5	13.6	40.9	33.2	73.4	18.4	55.0	33.5	1.35	1.35
上水道企业	21.1	1.5	19.6	7.7	25.4	1.5	23.9	6.2	1.20	1.00
下水道企业	18.8	1.4	17.4	8.0	27.8	2.9	25.0	11.4	1.48	2.07
公营开发企业	5.0	2.6	2.4	107.5	6.6	2.3	4.2	55.3	1.32	0.88
地域开发企业	9.5	8.1	1.4	562.3	13.6	11.7	1.9	623.0	1.43	1.46
小计:地方公社、地方工团	52.9	27.7	25.2	110.1	85.2	49.4	35.8	137.9	1.61	1.78
城市地铁企业	21.4	6.5	14.9	43.4	24.4	6.3	18.1	34.8	1.14	0.97
城市开发企业	28.0	20.2	7.8	259.9	55.1	40.8	14.3	286.6	1.97	2.02
其他公司	2.7	0.7	2.0	37.1	4.8	2.0	2.8	73.2	1.78	2.86
设施、环境、经济工团	0.8	0.3	0.5	60.8	0.9	0.3	0.6	35.7	1.13	1.00

资料来源:同表 3.23。

2007—2011年,韩国地方公营企业的当期净利润每年均呈赤字状态,尤其是下水道企业与城市地铁企业呈现出大规模赤字(见表3.27)。如表3.27所示,2011年总赤字规模约为358亿韩元,其中负利润大多来自城市地铁企业与下水道企业,而正利润主要来自城市开发企业、公营开发企业与地域开发企业。赤字的原因在于,地铁的大规模基础设施投资的折旧费较高,以及上水道企业、下水道企业及城市地铁企业收取的费用较低。上水道企业、下水道企业的公共费用的原价补偿率(补贴除以实际成本)分别为78.7%与36.7%,城市地铁企业的原价补偿率为54.0%,其获得的补贴金额为3652亿韩元,约达到其全部损失金额的40%,其折旧费为6955亿韩元,占当期净损失的77%(Soh,2013)。

根据表3.27中的数据,2011年,城市开发企业及公营开发企业的净利润相比前一年呈现大幅增长:公营开发企业(依靠公营开发组织在没有城市开发企业的地域推进住宅建设、宅地及商业用地的开发事务)的净利润相比前一年大幅增加了6081亿韩元,这是因为通过仁川经济自由区项目、春川市公营开发事务及高阳观光文化地区建设项目等分别增加了1000亿韩元、700亿韩元及4381亿韩元的当期净利润;城市开发企业的当期净利润为7661亿韩元,相比前一年增幅较大,但主要来源于存货资产财务费用的资本化,除了济州特别自治道的城市开发企业外,其他15个广域自治团体的城市开发企业将2011年与存货资产关联的借入金利息费用11535亿韩元资本化为存货资产,若将其记为期间利息费用,则当期净利润会从当初的7362亿韩元减少为909亿韩元(Soh,

2013)。

从整体来看,韩国的地方公营企业仍然难以自给自足,但缺口并不大,每年的净亏损平均不足总资产的1%,尚在可控范围之内。但在少数领域,例如城市地铁企业,其净亏损绝对值处于高位,不排除有一定的债务风险。

表 3.27　地方公营企业的当期净利润(亿韩元)

年份	2007	2008	2009	2010	2011
小计:地方直营企业	3902	2142	1607	−3581	1024
上水道企业	1423	1917	464	557	−275
下水道企业	−2668	−3116	−4619	−6376	−7458
公营开发企业	3983	1960	1370	555	6886
地域开发企业	1164	1381	1392	1683	1871
小计:地方公社、工团	−4598	−3926	−4480	−4174	−1382
城市地铁企业	−7579	−7407	−8283	−8706	−9038
城市开发企业	3138	3721	3829	4263	7661
其他公司	18	−59	−46	257	−12
设施、环境、经济工团	−175	−181	20	12	7
总计	−696	−1784	−2873	−7755	−358

资料来源:同表3.23。

3.4.4　地方政府可能承担的债务风险

简单地说,地方财政将会支援地方公营企业的部分投资费用与所需经费。2012年,韩国地方政府为上水道企业补贴4334亿韩元，为下水道企业补贴 12589 亿韩元，为城市地铁企业补贴 6031 亿韩元(Soh,2013)。虽然地方公营企业独自承担经营责任，但由于地方自治团体出资，因此地方公营企业的财务问题最终还是归结于地方自治团体的财政问题。表 3.28 中 2012 年的数据，可以如下细分来看：

· 上水道企业的金融负债占总负债的 78%，其中从民间金融机构借入的资金仅为 20 亿韩元，大部分为政策资金(地域开发债券、财政资金、市政债券、环境改善特别资金)。下水道企业的金融负债占总负债的 75%，这是将设备投资以 BTL 支付额方式进行而增加的长期未支付金，由于较低的费用水平，预计 BTL 支付额会成为未来额外的财政负担。

· 公营开发企业是为管理地方自治团体某一时期的开发事务而临时设置为事务所、团的组织。公营开发企业利用地方自治团体的保有土地进行开发，因此相比于城市开发企业，金融负债的负担较少(见表 3.28)。

表 3.28　2012 年地方公营企业的负债明细(亿韩元)

总计 (构成比率)	金融负债		预收账款	租赁保证金	其他 (未支付金等)
	政策资金	民间金融机构			
27549 (100%)	7558 (27%)	4917 (18%)	12077 (44%)	260 (1%)	2738 (10%)

资料来源：Park, Jin, Choi Joonook, et al., "Potential Risk in the Liability of Public Institutions and the Policy Response", working paper, Korea institute of Public Finance,2013。

· 地域开发企业：地域开发债券属于强制性债券(购入住宅或动产时义务买入的债券，包括国民住宅债券等，类似城市地铁债券)，将一般国民购买的部分认作负债，发挥着为公益事业融资的作用，因此偿还12.1万亿韩元的基金负债并无困难。

· 城市地铁企业：2012年的负债为6.1万亿韩元，其中，建设负债为1.3万亿韩元，运营负债为2.9万亿韩元，其他为1.8万亿韩元(退休金等)。建设负债是将建设地铁时发生的借入金转移给现物出资的公司管理，由国家及地方自治团体全额支付(首尔除外)；运营负债是为弥补历史上运营费的不足部分而发行的城市地铁债券，现在已经禁止发行用于弥补企业运营负债的公司债。

· 城市开发企业：2012年的负债为43.5万亿韩元，其中金融负债30.1万亿韩元，租赁保证金4.5万亿韩元，预收账款4.6万亿韩元，其他4.3万亿韩元，占地方公社、地方工团负债的83%。2006年以后城市开发企业大幅扩张，2008年爆发全球金融危机之后的财政扩张更加剧了这一过程(城市开发企业的负债由2008年的24.8万亿韩元增加到2009年的35万亿韩元，增幅10.2万亿韩元，增长41%)。之后由于不动产市场的不景气局势，房产销售处于低潮，城市开发企业的负债从而居高不下。

· 其他公司：类似地，城市基础设施开发公司由于过度开发而负债增加。

· 设施、环境、经济工团：地方自治团体为委托运营某些设施而设立的机构，并不会进行投资，因此设施、环境、经济工团的大部分负债为营运上产生的应付账款及预收账款(金融负债仅为63亿韩元)。

从上述细分分析来看，近期对地方政府财政造成负担的主要包括:(1)地方直营企业中上水道企业、下水道企业由于低费用水平,要求地方政府进行补贴,财政负担较重;(2)城市地铁企业的收费过低,且经营规模不断增大,净亏损规模较高,对地方政府造成负担;(3)城市开发企业由于城市开发事业的扩大以及不动产市场不景气,负债也随之增加,可能会成为地方财政的负担。

第4章

地方政府债务对比分析

上文所述的韩国地方债务现状和管理经验，主要是韩国实行地方自治之后特别是2000年以后相关数据和制度较为健全时的情景。然而，上述制度是建立在韩国已经基本完成工业化的基础之上的，并不适合与现在中国的制度对比。相较之下，应追溯韩国处在与目前中国类似发展阶段中的政策和制度。下文从几个方面来识别韩国与中国发展阶段相同的时期(见图4.1)：

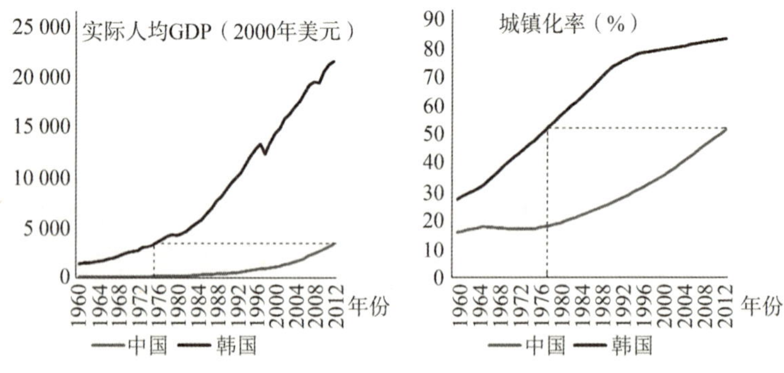

资料来源：世界银行WDI数据库。

图4.1 中韩两国实际人均GDP和城镇化率对比

• 实际人均 GDP。2012 年中国实际人均 GDP 约为 3348 美元(2000 年美元),与之对应的是 1975 年的韩国实际人均 GDP3300 美元(2000 年美元)。

• 城镇化率。2012 年中国城镇化率约为 51.8%,与之对应的是 1977 年的韩国城镇化率 51.5%。

因此,从上述两个发展指标来看,可以认为中国目前的发展阶段与韩国 20 世纪 70 年代的发展阶段较为类似。下文将对目前的中国与 1970—1985 年的韩国进行对比分析研究,以求对中国的情况有更加深入的认识。

4.1 中韩两国宏观情况对比

4.1.1 地方政治

1960 年,韩国第二共和国对《地方自治法》进行修改,其第 96 条第 2 款规定:"至少市长、邑长和村长应该由法律决定。市长、邑长和村长要由当地居民直选",从而开启了地方自治的时代。1961 年,朴正熙发动军事政变,随即颁布了《关于地方自治的临时措施法》,替代了不久前才被修改的《地方自治法》。新法令的变化包括:第一,村、邑失去了地方自治实体的地位,郡成为地方自治实体;第二,地方政府行政长官由中央任命;第三,地方议会解散,其职能被分配到更高一级的行政机关中。此后韩国关于地方自治进行了一系列的调整,但直到 1991 年地方选举才得以恢复。在1961—1991年这30年内，韩国地方政府的行政长官完全由中央政府任命，地方政府完全是作为中央政府的分支机构进行管理。

在目前的中国，各级地方政府实行省长、市长、区长、县长、乡长、镇长负责制。以省级政府为例，省长、副省长或直辖市市长、副市长，由省、直辖市人民代表大会选举产生。省、直辖市政府领导人员产生后，应在2个月内由正职领导人员提请省、直辖市人大常委会任命秘书长、厅长、局长、委员会主任，并报国务院备案。因此，理论上说，中国各省级行政区的最高行政长官的任命不依赖于中央政府。但在实际操作中，可以发现省级政府的重大人事任免权仍然集中在中央，体现在：(1)省委书记的职权大于省长(或直辖市市委书记的职权大于直辖市市长，以下不再注明)，省长一般任该省省委副书记，接受省委书记的领导，省委书记的任命权在中共中央组织部，不属于行政序列范围；(2)省长的提名程序也一般是由中共中央组织部首先将其提名为该省省委副书记，之后省人大将其任命为副省长、代省长，再到下一次省人民代表大会举行时正式选为省长。因此，可以认为中国省级政府最高领导人员的任命权仍然掌握在中央政府手中。另一方面，地方政府在事权上也并非完全独立。省政府必须服从国务院的统一指挥和领导。

因此，总体上说，目前的中国和1970—1985年的韩国的政治体制基本相同，即在单一制体制下地方政府直接受到中央政府的控制，具有一定的可比性。

4.1.2 地方财政

除地方政治的自主权外，地方经济的自主权是地方政府自治能力的重要方面，这主要体现在地方财政收入和财政支出方面。

韩国的地方财政体制实施分税制，即使是在军政府时期也并未取消地方税。国家税收的主要贡献来自所得税类和消费税类税收，这两类税收与经济活动紧密相关，税基大，税收总量大；地方税以财产税为主，这类税收的税基相对较小，但增长较快。因此，如表4.1所示，1970—1980年间，韩国地方财政收入/中央财政收入的比例较低(9%—13%)，但一直处于增长势头中。在财政支出方面，韩国地方政府的财政支出包括总预算支出和特别预算支出两个部分。在20世纪70年代，韩国地方政府承担的职责相当有限，财政支出的比例也非常低，地方财政支出/中央财政支出的比例平均在30%左右(见表4.1和图4.2)。

根据表4.1中的数据，在中国人均实际GDP与韩国对应的时期(2003—2013年)，地方财政收入/中央财政收入处于快速增加时期，2013年地方财政收入/中央财政收入已经超过了100%，显著高于韩国1970—1980年的平均10%左右；而中国的地方政府在财政支出方面更远高于韩国，2003年，中国地方政府的财政支出是中央政府的2倍以上，到2013年则接近6倍，相比之下，1970—1980年韩国地方政府的支出平均仅为中央政府的30%。

表 4.1　中韩两国的地方财政收入/中央财政收入与地方财政支出/中央财政支出

	中国			韩国	
年份	地方财政收入/中央财政收入	地方财政支出/中央财政支出	年份	地方财政收入/中央财政收入	地方财政支出/中央财政支出
2003	83%	232%	1970	9%	30%
2008	88%	369%	1975	11%	29%
2013	115%	583%	1980	13%	33%

注：中国的地方财政收入/中央财政收入是财政收入口径（包括税收及其他税外收入，但不包括转移支付和政府性基金收入）；由于数据因素，韩国的地方财政收入/中央财政收入比是税收口径，不包括税外收入。由于韩国地方财政收入中有较大部分来自于税外收入，因此上述口径会导致对韩国的地方财政收入/中央财政收入有一定程度的低估。但即便如此，韩国的地方财政收入/中央财政收入仍远远小于中国，不影响上述结论。

资料来源：中国财政部；韩国经济企划部、财政部。

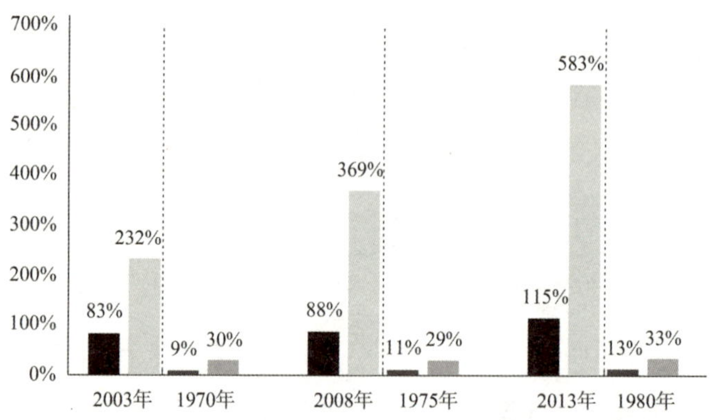

资料来源：中国财政部；韩国经济企划部、财政部。

图 4.2　中韩两国的地方财政收入/中央财政收入与地方财政支出/中央财政支出

在中韩两国人均实际 GDP 相似的时期，韩国的中央政府起到明显的主导作用，地方政府仅仅是中央政府的派出管理机构，因而较少参与地方经济建设；而在中国，地方政府在经济系统中则扮演更为重要的角色：在收入端，地方政府的税收收入主要与中央政府分成，例如增值税、营业税、所得税等，而韩国的地方税则与国家税基本不重合；在支出端，地方政府不仅承担公共管理的政府职能，还负责经济建设（如大规模修建基础设施等）和社会保障（如保障房建设等）。进一步地，中国地方政府除本级财政收入外，还拥有政府性基金收入，其中最大的部分是国有土地出让金。2012 年，中国地方政府的国有土地出让金收入达 2.7 万亿元，是地方本级财政收入的 44%。因此，韩国地方政府和中央政府的经济权力分配与中国差异较大，中国地方政府在经济方面享有明显更高的自主权，同样也需要承担更繁重的事务。这种差异来源于诸多基本面因素，例如韩国国土面积较小（约为中国的 1%，略小于江苏省），韩国中央政府有能力通过一己之力提升整个国家的基础设施，进行经济建设；此外，中国和韩国的经济发展路径也略有不同，1970—1980 年间，韩国正处于第四共和国时期，其间通过的“维新宪法”规定总统无连任任期限制，威权政治走向顶峰，其依赖财阀发展工业的策略也从纺织业走向重工业和化学工业，财阀成为重要的经济力量，地方政府则作用不大；中国的经济发展则并未倚重类似财阀的大型企业，反而是放开国有部门，鼓励数量众多但体量较小的私营企业的发展，地方政府则充当本地区内众多私营企业的管理者、招商引资的组织者等角色，其重要性远远大于韩国地方政府。

因此，从上述比较来看，当韩国和中国处在人均实际 GDP 类似时期时，两国的地方政府在财政上并不具有特别强的可比性。

4.1.3 城市发展模式与水平

在政治制度和财政制度之外，另外一点需要比较的是中韩两国城市的发展模式与水平，因为这将显著关系到地方政府所扮演的角色。由上文知，2012 年中国的城镇化率约为 51.8%，与之对应的是 1977 年的韩国城镇化率 51.5%，因此目前的中国与 20 世纪 70 年代的韩国的城镇化水平基本类似。然而，由于种种原因，中韩两国的城市发展模式和水平有显著不同。

由图 4.3 可知，中韩两国的城市发展模式显著不同。从最大城市的人口占比(图 4.3 左图)来看，韩国最大的城市(即首尔)的人口占比持续高于 20%，而且在 20 世纪 70 年代一度超过 40%；但中国最大的城市(上海)的人口占比却从 1960 年开始一路下滑，目前仍处于下滑通道中，低于全国的 5%。在韩国经济发展最迅速的年代，首尔的人口显著膨胀，首尔遵循的是一种典型的单一城市集聚模式；而即使在中国经济迅速发展的 1978 年以后，上海也没有出现人口的相对聚集，甚至还有所下降。因此，由于人口规模和对城市人口的限制不同，中韩两国的城市发展模式有显著的区别，中国不可能像韩国一样以一个城市为中心进行建设，而是不得不兼顾全国各个地区，建设多个类似于首尔都市区一样的特大城市群。

那么，人口在 100 万以上的城市（图 4.3 右图）就更具有可比性。2012 年，中国 100 万以上人口城市的人口占比约为 21.8%，与韩国 1961 年的水平相当，明显滞后于经济发展水平类似的时期（即 1975 年左右）。此外，从韩国 1960—1980 年以及中国 2000—2012 年的趋势来看，未来中国人口会更加集聚于 100 万以上人口的大城市中，并在经济发展到一定水平后（韩国大约是在 1990 年）聚集程度开始下降。

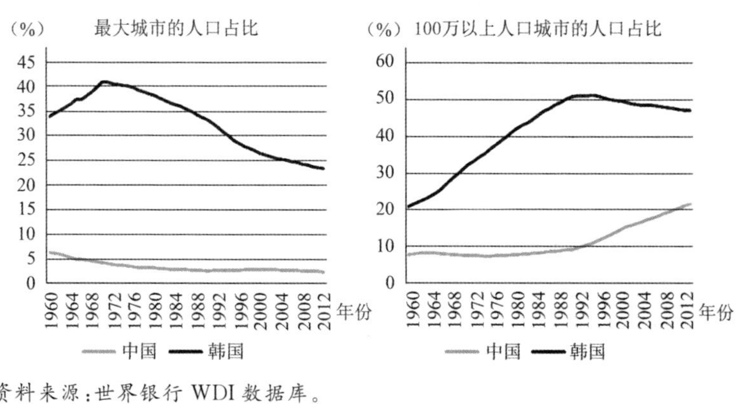

资料来源：世界银行 WDI 数据库。

图 4.3　中韩两国城市聚集程度对比

从上文的比较来看，与韩国相比，中国的城市发展模式不是朝单个城市聚集，而是需要发展珠三角、长三角、京津冀等多个大型城市群，因而城市在发展中难以像首尔都市区那样享受规模经济。此外，即使在同一发展时期，中国的大城市聚集程度也不及韩国，表明中国的城市发展战略更偏向于中小城市的发展，这也使得中国的地方政府，面临与韩国地方政府不一致的建设和融资需求。同时，从发展趋势看，中国最大城市的相对聚集程度应该仍然会维持在一个相对较低的水平(5%以下);但中国大型城市的相对聚集程度仍然处于上升通道中,并持续到人均实际 GDP 达到近 10000 美元(2000 年美元)。

表 4.2 北京、上海与首尔首都区对比

	北京	上海	首尔都市区
人口	2115 万人(2013 年)	2415 万人(2013 年)	2560 万人(2012 年)
面积	1.68 万平方公里	0.63 万平方公里	1.17 万平方公里
GDP(名义) 占比	3145.3 亿美元 (2013 年)3.40%	3484.21 亿美元 (2013 年)3.80%	5325.8 亿美元 (2012 年)47.10%
财政收入 占比	590.5 亿美元 (2013 年)5.30%	662.8 亿美元 (2013 年)6.00%	466.5 亿美元 (2012 年)55.70%
大事件	2008 年奥运会	2010 年世博会	1988 年奥运会 2002 年世界杯
地铁开通 年份	1969 年	1993 年	1974 年
地铁里程	456 公里(2013 年)	538 公里(2013 年)	7.8 公里(1974 年) 975 公里(2013 年)
机场数量	1	2	2

注:韩国首尔都市区包括包括首尔市、仁川市和京畿道三个省级行政区,其面积介于北京和上海之间,人口也与北京和上海类似,因此更具有可比性;北京和上海的财政收入口径是地方本级财政收入(不包括税收返还和转移支付),首尔都市区的财政收入是首尔、仁川和京畿道的税收和税外收入,也不包括中央的转移支付和地方债务。

资料来源:《北京市 2013 年国民经济和社会发展统计公报》,《2013 年上海市国民经济和社会发展统计公报》,KOSIS。

下面进一步比较中韩两国城市发展的阶段。我们将中国的北京、上海这两个特大城市与首尔都市区进行对比(见表 4.2)。从面积来看,北京面积约 1.68 万平方公里、首尔都市区约 1.17 万平方公里,上海约 0.63 万平方公里,上海面积最小;从人口来看,北京、上海和首尔首都区的人口均达 2000 万人以上，但首尔都市区在 1980 年仅 1328 万人，目前北京、上海的发展程度远超过 20 世纪 70 年代的首尔地区。从经济发展的程度来看，北京、上海 2013 年的名义 GDP 均约为 3000 亿美元左右，显著低于首尔都市区的5000 多亿美元，但北京、上海的财政收入均为 600 亿美元左右，多于首尔都市区的 467 亿美元。这说明在经济发展程度上，北京、上海仍然不及首尔都市区，但其财政收入却大于首尔都市区，表明中国的特大城市有更大的自主权，能够调动更多的资源。

首尔于 1988 年举办了奥运会，又于 2002 年与日本共同举办了世界杯足球赛(2002 年韩日世界杯)；北京则于 2008 年举办了奥运会，上海于 2010 年举办了世博会。从大事件的举办时间来看，中国的举办时间对应的与韩国人均实际 GDP 相等时的时间也快于韩国的举办时间，有一定的超前性。进一步观察大型基础设施建设，北京地铁第一条线路开通于 1969 年，是亚洲最早开通的地铁，而上海地铁开通于 1993 年；首尔地铁开通于 1974 年，当时的运营长度仅 7.8 公里。到 2013 年，北京和上海的地铁长度分别为 456 公里和 538 公里，首尔都市区的地铁长度约为 975 公里(包括首尔城市地铁和首尔都市区内的城际铁路)。北京、上海的地铁长度虽不及现在的首尔都市区，但仍远远领先于 20 世纪 70 年代的首尔。此外，目前北京有 1 个机场(首都国际机场，未包括南苑机场)，上海有两个机场(虹桥机场和浦东机场)，而首尔都市区内主要也是 2 个机场(仁川机场和金浦机场)，发展程度类似。

通过上述比较，北京和上海已经接近目前首尔都市区的发展水平，甚至在财政方面拥有更多的资源，这已经显著超越了首尔20世纪70年代的水平。但中国的平均发展水平与韩国的20世纪70年代类似，这也就意味着中国其他地区的发展程度更低，城市与城市、地区与地区之间的差距较大。

综上所述，中国的城市发展和建设不是单一城市聚集型，而且城市聚集的程度较低，因此要顾及多个城市群的发展，难以通过中央控制将全国的资源集中于少数重点发展地区；同时，由于后发优势，中国的大型城市的发展已经与韩国的首尔都市区接近，可以借鉴目前首尔的建设和债务管理经验。然而，中国地区间的差异巨大，不少地区的发展尚不及韩国20世纪70年代的水平，需要用不同的视角去管理这类地区中城市的债务问题。同时，中国人口向大城市聚集的程度不足，因此中小城市也面临着较大的人口压力，与韩国的同类型城市相比，更需要进行城市扩张。从发展趋势看，今后中国城市的聚集程度还会进一步加强，100万以上人口的城市有巨大的建设需求，但特大型城市需要考虑承载极限问题。这也派生出了新的债务增长点和管理需求。

4.2 中韩两国地方政府债务对比

上文对中国与韩国在地方—中央政治、财政体制和城市发展模式等几个方面进行了全面的对比，发现了中韩两国的共性和差异。本节将针对地方债务本身，对中韩两国的全国、城市、省域的地方债务负担时间序列数据及地方债务存量的债务期限、资金用途、资金来源和负债形式的截面数据进行对比。

4.2.1　全国、城市和省域地方债务负担对比

目前，中国于2010年底和2013年6月对全国地方政府债务进行过全面审计；我们搜集到韩国1971—2012年的地方债务水平。首先对全国层面的地方债务水平进行对比。

图4.4左图[①]描述了中国2010年和2013年以及韩国1971—2010年的地方债务/GDP情况。中国2010年和2013年的地方债务/GDP分别为27%和31%；韩国1971—2010年的地方债务/GDP则从未超过5%(最高的为1985年的4%)。与中国更为类似的1975—1985年间，韩国的地方债务/GDP分别为0.86%、1.97%和4.00%(分别对应1975年、1981年和1985年)。1990—2010年间，韩国的地方债务/GDP处于下降通道中，1997年亚洲金融危机爆发后有所抬头，但均处于非常低的水平。从地方债务/GDP的角度看，中国的地方债务负担水平显著高于韩国的所有时期。

图4.4右图则从地方债务/地方财政收入的角度比较中韩两国。2010年和2013年中国的地方债务/地方财政收入的水平均超过250%；相比之下，韩国的地方债务/地方财政收入仅1971年时接近100%(当时韩国的地方债务和地方财政收入都非常低)，其他年份均远低于100%。与中国更为类似的1975—1985年间，韩国的地方债务/地方财政收入分别为49.71%、37.81%和64.05%(分

---

①　中国地方债务2013年的水平是2013年6月的水平，而2013年中国的GDP和地方财政收入为2013年全年额；在其他年份均为年底值。

别对应1975年、1981年和1985年)。

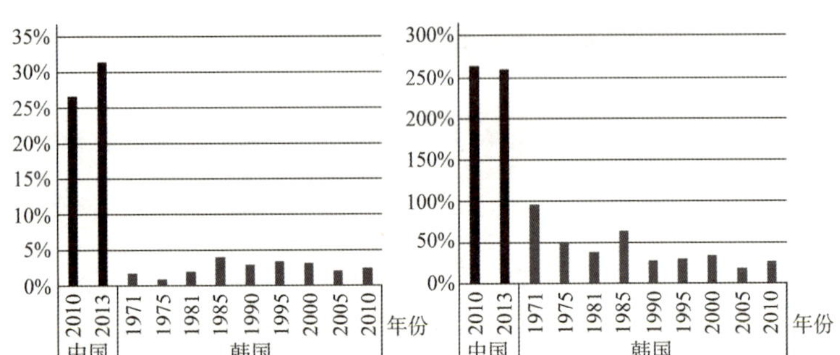

注:此处2000年以前韩国的地方债务为城市层面的地方债务总和,不包括"道"这一级的债务,按照经验数据看,这部分约占总地方债务的20%左右,以下不再说明;中国的地方财政收入是指地方政府公共财政收入,不包括中央政府的转移支付、政府性基金收入和债务融资收入,韩国的地方财政收入是地方税和地方税外收入之和,不包括转移支付和债务融资收入,相比而言,这两个口径较为一致,更利于比较两国地方政府的财政能力。

资料来源:KOSIS,Wind;作者自行计算。

图4.4 中韩两国地方债务/GDP(左图)及地方债务/地方财政收入(右图)

值得注意的是,在中国的中央—地方财政关系中,中国地方政府的财权、事权的不匹配程度更高,地方政府从中央获得的财政支持远大于韩国地方政府;同时,中国地方政府的国有土地出让金收入也是财政收入的一个重要组成部分。此处的地方财政收入没有考虑这两个因素,使得中国的地方债务/地方财政收入被有所高估。但无论如何,即使仅从地方债务/GDP来看,中国地方政府的负债程度不仅远高于类似发展时期(1975—1985年)的韩国,也比韩国目前的水平要高得多。从这个角度而言,中国的地方债务的积累速度要远快于韩国。

进一步观察主要城市的数据。此处选取的对比对象是中国的四个直辖市(北京、天津、上海和重庆)以及韩国成立最早的四个广域市(首尔、仁川、釜山和大邱)[①]。中国主要城市 2013 年的地方债务/GDP 均大于 30%,其中北京和上海接近 40%,重庆则达到近 60%(见表 4.3)。相比之下,韩国各大城市的地方债务/GDP 数据显著更低。如表 4.3 所示,首尔的地方债务/GDP 一直没有超过 4%,到 2000 年以后一直低于 1.5%;釜山的地方债务/GDP 曾经接近 15%(1985 年),但之后该水平迅速下滑,一直保持在 10%以下;大邱的地方债务/GDP 在 1990 年以后迅速上升,但 2010 年又回落至 5.9%左右;仁川的地方债务/GDP 比例也一直维持在 5%以下。

表 4.3　中韩两国主要城市的地方债务/GDP

年份	北京	天津	上海	重庆
2010	38.99%		40.95%	58.68%
2013	38.74%	33.64%	39.14%	58.15%
年份	首尔	仁川	釜山	大邱
1985	3.28%	4.64%	15.93%	4.81%
1990	2.01%	2.98%	6.65%	3.45%
1995	2.81%	6.28%	5.50%	9.13%
2000	1.23%	2.50%	7.17%	8.14%
2005	0.48%	2.92%	4.01%	8.18%
2010	1.41%	4.97%	5.11%	5.87%

资料来源:KOSIS,Wind;作者自行计算。

中国主要城市 2013 年的地方债务/地方财政收入均大于 200%,其中北京和上海达到约 200%,天津则达到约 230%,重

① 这四个城市除了是韩国最早成立的广域市(特别市也可以说属于广域市)之外,也分别与中国的四个直辖市有一定的相似性:首尔是韩国首都,对应北京;仁川是首都经济圈中的重要城市,对应天津;釜山是韩国第二大城市,也是韩国最大的港口城市,曾举办 2002 年亚运会和 2005 年 APEC 会议,对应上海;大邱是韩国重要的内陆城市,对应重庆。

庆则超过400%(见表4.4)。相比之下,韩国各大城市的地方债务/地方财政收入水平显著更低。如表4.4所示,首尔的地方债务/地方财政收入在1975年以后未超过50%,到2000年以后一直低于20%;釜山的地方债务/地方财政收入水平曾经在1970—1985年接近甚至超过200%,2000年又超过100%;大邱在1981年之后才成为广域市,其地方债务/地方财政收入在2000年超过100%,但2010年又回落至50%左右;仁川的地方债务/地方财政收入在1990年后开始在低位波动,最高的1995年和2000年都未突破60%。

表4.4　中韩两国主要城市的地方债务/地方财政收入

年份	北京	天津	上海	重庆
2010	210.29%	—	220.74%	393.00%
2013	206.34%	232.58%	205.76%	434.77%
年份	首尔	仁川	釜山	大邱
1971	72.78%	—	243.70%	—
1975	24.29%	—	207.92%	—
1985	40.88%	88.65%	179.82%	93.10%
1990	20.60%	33.05%	68.70%	33.49%
1995	28.53%	58.15%	41.99%	58.95%
2000	23.73%	51.41%	125.60%	149.80%
2005	5.11%	25.48%	34.28%	69.87%
2010	17.40%	45.77%	48.49%	53.18%

资料来源:KOSIS,Wind;作者自行计算。

从地方债务/GDP来看,中国大城市的负债水平显著高于韩国的大城市。但地方债务/地方财政收入指标显示两国城市的债务负担有一定的可比性(特别是 20 世纪七八十年代的釜山),表明在快速发展过程中,的确会存在债务快速积累的时期。值得注意的是,釜山的地方债务在 20 世纪 80 年代后期快速降低,可能的解释是 1989 年成立的釜山交通局为中央政府管理的公营企业,因此建设釜山地铁所发行的釜山交通债券归于中央政府债务,从而吸纳了釜山地铁建设前期积累的大量债务。韩国中央政府为地方政府承担债务的历史也从客观上降低了韩国城市的债务负担水平,而中国目前尚未出现这类先例。

最后,我们对比中国的其他省级行政区(除四个直辖市、两个特别行政区、台湾地区和西藏自治区以外的其他省级行政区)的平均债务和韩国所有“道”的平均债务。韩国“道”一级的地方债务数据由于只在 2000 年及以后才有,因此只包含 2000 年、2005 年和 2010 年的数据。如表 4.5 所示,2013 年中国其他省级行政区平均的平均地方债务/GDP 比重约为 26%,平均地方债务/地方财政收入约为 255%;相比之下,韩国各道的平均地方债务/GDP 比重未超过 4%,地方债务/地方财政收入未超过 20%。

表 4.5　中国其他省级行政区和韩国各道的地方债务指标对比

	年份	平均地方债务/GDP	平均地方债务/地方财政收入
中国其他省级行政区	2013	26.04%	255.42%
韩国各道	2000	3.14%	—
	2005	1.92%	12.22%
	2010	2.38%	16.95%

资料来源:KOSIS,Wind;作者自行计算。

本节比较了中韩两国的全国、城市和省域的地方债务负担。我们发现,在全国层面,中国地方政府的地方债务/GDP 显著高于韩国的各个时期,但地方债务/地方财政收入的差距有所减小(而且中国地方政府的财源没有被充分考虑);韩国在高速发展时期也曾出现过地方债务负担快速上升的时期,但幅度较中国小很多。分城市来看,中国主要城市的地方债务/GDP 水平仍然更高,但在类似时期(1975—1985 年)与韩国的主要城市有一定的可比性,两国主要城市之间的债务负担差距小于国家总体之间的差距;但在省域或道层面,中韩两国的地方债务负担差距又显著拉大了。从上述结果看,我们可以得出以下结论:(1)中国地方政府的债务负担高于韩国;(2)相较之下,韩国城市的债务负担在各个时期差异较大,中国城市的债务负担较重,但中韩两国城市的债务负担在类似时期有一定的可比性;(3)中国其他省级行政区的债务负担较之韩国各道过重。

4.2.2 地方债务结构对比

上一小节对比了中韩两国的地方债务负担,但债务问题显然不仅仅是总量问题,债务结构也是债务的一个重要特征。本小节试图从负债形式、资金来源、债务期限、资金用途等几个方面出发,对比中国和韩国的地方债务结构。中国的数据为 2013 年 6 月的审计结果;韩国的数据来源于 2002 年和 2012 年韩国地方债务主管部门发布的《韩国地方自治团体债务状况》。

1. 负债形式

事实上,中国和韩国政府在对负债进行归类时采用了不同的统计口径，甚至韩国对此的统计口径在 2002 年和 2012 年也大不相同。为了便于比较，此处将各种负债形式分为地方债券、地方借款和其他三种类型。韩国的地方债务中，地方债券和地方借款都有官方定义；中国的地方债中，将“发行债券”和“国债、外债转贷”[①]两类作为地方债券形式，将“银行贷款”、“信托融资”、“证券、保险和其他金融机构融资”以及“融资租赁”作为地方借款形式，“BTL 支付额”、“应付未付款项”、“其他单位和个人借款”、“垫资施工、延期付款”等余下各项作为其他形式(结果见图 4.5)。

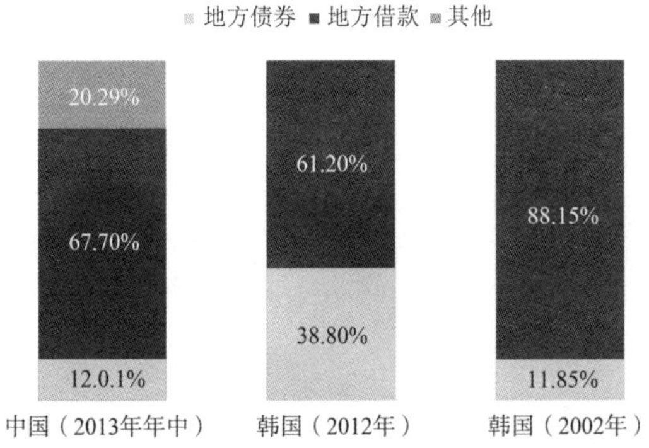

资料来源：中华人民共和国审计署《2013 年第 24 号公告：36 个地方政府本级政府性债务审计结果》；《韩国地方自治团体债务状况》。

图 4.5　中韩两国地方政府负债形式对比

---

① 国债、外债转贷是指，国家增发一定数量的国债或外债，通过财政部转贷给省级政府，用于地方的经济和社会发展建设项目的资金。省级财政部门作为省级政府的债权、债务的代表，负责对财政部的还本付息工作。对于地方政府而言，这部分资金是贷款，但本质上是债券，因此归入地方债券类。

结果显示，2013 年年中中国地方债中 12%左右的债务是地方债券，68%左右是地方借款，20%左右是其他债务（见图 4.5）。如图 4.5 所示，相比之下，2012 年韩国约 61%的地方债务是地方借款，约 39%为地方债券；2002 年，韩国 88%左右的地方债务是地方借款，约 12%为地方债券。从负债形式的结构来看，2013 年中国的地方债务与 2002 年时的韩国较为类似（但缺乏更早时期的韩国数据）。在 2002—2012 年间，韩国对地方债务的负债形式进行了一系列改革，逐步加大了债券的占比。

2. 资金来源

同样地，我们将不同口径的资金来源分为政府、金融机构和其他三类。如图 4.6 所示，对于中国（2013 年年中）而言，来自政府的资金主要是指“国债、外债转贷”，来自金融机构的资金指“银行贷款”、“信托融资”、“证券、保险和其他金融机构融资”、“融资租赁”和“发行债券”（此处不仅包括从金融机构借款，也包括通过金融系统进行募资，例如发行债券等），其余各项则为其他；对于韩国（2012 年）而言，来自政府的资金是指“中央政府基金”和“地方政府基金”等来自中央政府或地方政府的资金，来自金融机构的资金是指从海内外获得的借款和债券，剩余的收入保证债券为强制发行，因此计为其他；对于韩国（2002 年）而言，来自政府的资金是指四类政府基金，来自金融机构的资金是指来自金融机构的借款或其发行的市政债券，其他是指城市地铁债券或地域开发债券等强制购买的债券。从属性上来说，来自政府的资金最有保障，计为负债只是一种名义上的约束；来自金融机构的资金最为市场化，是负债中需要关注的部分；其他负债有政府强制力的因素。

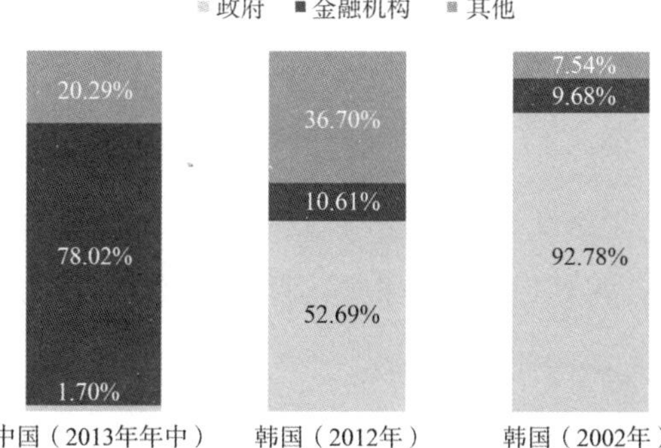

资料来源：同图4.5。

图4.6　中韩地方政府负债资金来源对比

结果显示，2013年年中中国的地方政府负债中，绝大多数来源于金融机构，仅有不到2%的资金来源于政府本身，剩余的约20%来自于其他资金来源；而2002年的韩国超过80%的地方政府负债来自于政府本身，但该比例到2012年下降到了50%左右，来自于金融机构的资金占比一直维持在10%左右，而其他资金来源占比则从约7.5%上升至2012年的36.7%。相比之下，中国主要依赖于金融机构的资金，而韩国则主要依赖于政府基金本身，同时在不断加大强制性债券对地方政府融资的作用。值得注意的是，中国的金融机构也并非完全市场化，除了政策性银行本身就会为地方政府的建设行为贷款外，商业银行也受到政治的影响。从这个角度来看，中国的金融机构资金也有政府政策的身影。

3. 债务期限

进一步地，我们按照负债的到期时间即债务期限将债务进行分层和比较，结果见图 4.7。截至 2013 年 6 月，中国的地方政府债务中有将近 40%的债务的为 1 年以内，约 34%的债务的到期时间为 1—4 年，剩余约 27%的到期时间为 5—9 年；而 2002 年，韩国的地方政府债务中不存在 1 年以内到期的债务，1—4 年到期的也仅约占 3%，5—9 年到期的约占 20%，剩余近 80%的债务的到期时间均在 10 年以上。因此，中国与韩国的地方政府债务在债务期限上的差别最显著。中国的地方政府债务以短期为主，超过 70%的债务将在 4 年内到期；韩国的地方政府债务中近 80%的债务期限超过 10 年。相较之下，由于地方债务一般用于基础设施等长期项目，因而中国的地方债务有较为严重的期限错配问题。

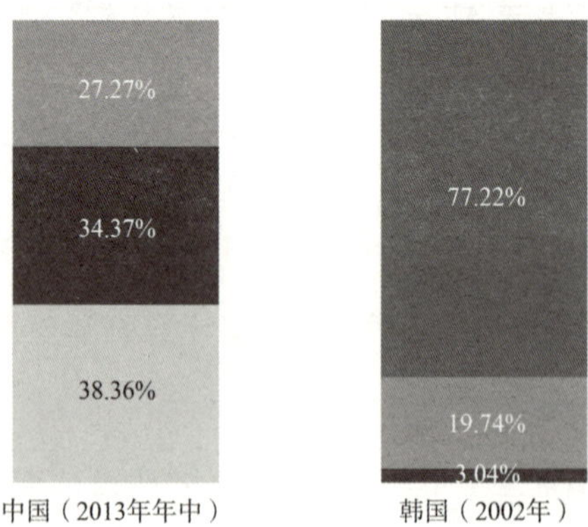

资料来源：同图 4.5。

图 4.7 中韩两国地方政府负债期限对比

4. 资金用途

最后,我们关注中韩两国地方融资的用途结构的对比。同样地,由于两国统计口径不同,本书将各类事项分为基础设施、经济建设、社会保障和其他类别四类。如图 4.8 所示,对于中国(2013 年年中)而言,基础设施包括"市政建设"、"交通运输设备"和"生态建设和环境保护"三项,经济建设包括"土地收储"和"工业和能源"两项,社会保障包括"保障性住房"和"科教文卫"两项,其余各项归于其他类别中;对于韩国(2012 年)而言,基础设施包括"道路建设"、"城市地铁"、"给排水"和"办公地点整理"四项,经济建设包括"文体设施"一项,社会保障包括"宅基地开发"一项,剩余各项归于其他类别中;对于韩国(2002 年)而言,基础设施包括"道路建设"、"城市地铁"、"给排水"和"世界杯场馆建设"四项,经济建设包括"工业园区"一项,社会保障包括"国民住宅建设"一项,剩余各项则归于其他类别中。

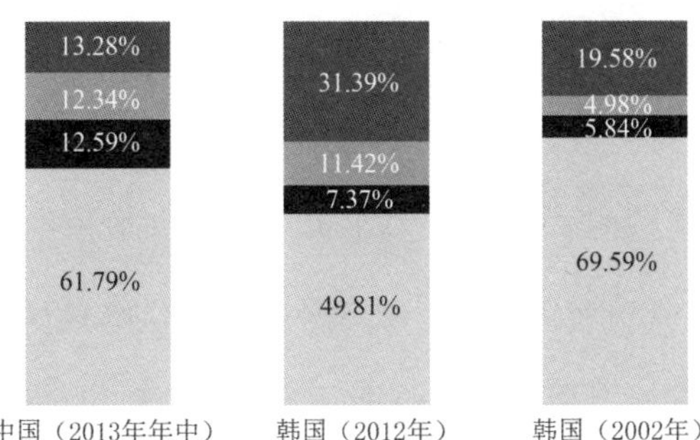

资料来源:同图 4.5。

图 4.8　中韩两国地方政府负债用途对比

2013年6月，中国地方债存量中62%左右投向了基础设施，剩余部分平均投向了经济建设、社会保障和其他类别，表明中国地方政府的融资主要还是为了投入地方基础设施建设；同时，韩国2002年的地方债存量中，有近70%的资金投向基础设施，而投向经济建设和社会保障的资金占比相对较少；与此同时，到2012年，韩国投向基础设施的地方债存量下降至50%左右，投向社会保障和其他类别的地方债存量大幅增加，表明随着经济发展，韩国地方政府对基础设施的需求逐渐降低，地方债所融得的资金将转向更为多元化的领域。相比之下，目前中国地方政府债务的用途结构更类似韩国2002年时的情况，绝大多数资金流向基础设施，但同时中国地方政府也更倾向于将资金配置到经济建设中。将中国地方债务的资金用途结构结合债务期限结构来看，两者构成了非常严重的期限错配问题。

4.3 国际比较

4.3.1 美国

美国是典型的联邦制国家，联邦政府与州政府纵向分权，美国的宪法规定，各州在尊重和维护联邦政府的权威和权力的前提下，共同参与联邦政府的决策和政策实施，并在不损害联邦利益和权利的前提下行使各自的政治和经济自治权。美国的地方政府从属于州政府。与其他国家相比，地方政府在美国政治生活中的作用要大得多，反映了美国参与性民主制和政府权力制衡的历史传统。

在财政体制上，美国实行联邦、州和地方三级管理模式。与政府权限的划分相对应，美国国会的财政体制也具有突出的自治性特征，各级政府均拥有各自独立的税收决定权和支出预算。

1. 地方政府债务概况

为满足地方政府实施公共物品配置职能的需要，并实现大规模公共投资的代际公平，美国法律允许州及州以下地方政府进行债务融资。美国的州及地方政府主要通过发行市政债券(municipal bond)举债，同时辅之以银行借款和融资租赁。市政债券是以政府信用作为担保，由州、城市、城镇、县及其授权代理机构发行的债券，用于为一般市政支出或特定市政项目融资。

(1) 市政债券。

根据信用基础的不同，美国市政债券分为一般责任债券(general obligation bonds)和收益债券(revenue bonds)。一般责任债券是以发行机构的全部声誉和信用为担保并以政府财政税收为支持的债券，通常以政府的税收能力为偿债基础。而收益债券由为建设某一基础设施而依法成立的地方政府代理机构、委员会或授权机构发行，通过有偿使用这些公共设施的收入来偿还债务。收益债券的风险往往比一般责任债券的风险大，因而利率也高。截至2011年第三季度末，收益债券占美国市政债券存量的63%。地方政府为其基础设施项目所发行的债券，基本上采用收益债券的形式。

市政债券的发行方式主要有公募和私募两种。公募分为竞标承销和协议承销。一般责任债券时常以竞标承销方式发行，而收益债券常以协议承销方式发行。竞标承销能提供一个最具竞争力的价格，这对于信用评级较高的知名承销商更为有利；而协议承销的销售时间则更加灵活，并能向投资者提供更多的信息，有助于制定更合理的债权结构和期限。私募发行方式要求发行主体的财务等信息向直接投资者公开，但无需对公众和竞争者公开，因此受信用记录较差或所发行债券的评级较低的发行主体所青睐。

市政债券市场已经成为美国各州、城市、城镇、县政府以及下属机构筹集公共事业所需资金的重要市场，与股票市场、国债市场以及企业债市场并列为美国四大资本市场。市政债券具有以下几个显著特点：(1)税收减免。在美国，市政债券的突出特点就是其利息收入可免缴联邦所得税或者州所得税，对于高收入者意义重大。(2)期限长。市政债券的期限可长至三四十年，这样可以更好地同基础设施项目相匹配。

(2) 美国州及地方政府的债务水平。

1990 年以来，美国州及地方政府的债务量呈现大幅度增长的趋势。尤其是进入 21 世纪以后，债务增长率显著提高：除 2010 年外，债务增长率均在 5%以上；截至 2010 年年末，美国州及地方政府未偿还债务总额高达约 28290.74 亿美元，规模居世界第一；2000—2010 年十年间债务余额接近翻一番(见表 4.6)。如表 4.6 所示，美国州及地方政府的债务率(债务余额/当年财政收入)长期维持在 70%以上，2009 年更是突破了 100%警戒线，显示美国州及地方政府的偿债压力较大，可能会出现无法偿还债务的局面。

表 4.6　美国州及地方政府的债务水平

年份	债务余额(百万美元)	债务增长率	债务率
1990	858005.82		83.13%
1991	915711.00	6.73%	84.72%
1992	970462.00	5.98%	81.88%
1993	1017686.47	4.87%	80.09%
1994	1074660.21	5.60%	80.71%
1995	1115370.31	3.79%	78.66%
1996	1169714.32	4.87%	77.28%
1997	1224509.55	4.68%	75.75%
1998	1283560.19	4.82%	74.59%
1999	1369252.69	6.68%	76.30%
2000	1451815.22	6.03%	74.75%
2001	1554017.91	7.04%	82.18%
2002	1681377.46	8.20%	93.07%
2003	1812666.71	7.81%	88.54%
2004	1951660.56	7.67%	80.15%
2005	2085596.95	6.86%	82.47%
2006	2200892.12	5.53%	80.43%
2007	2411298.35	9.56%	78.48%
2008	2552521.54	5.86%	96.17%
2009	2705592.25	6.00%	129.20%
2010	2829074.04	4.56%	89.21%

资料来源：Wind。

2. 地方政府债务监管体系

（1）地方政府债务的审批管理机制。

就市政债券的审批管理而言，由于美国是联邦制国家，州及州以下地方政府发行市政债券并不需要上一级政府的批准和同意。美国《证券法》也规定发行市政债券不需要向美国证券交易委员会报告和登记。因此，是否发行市政债券完全由本级政府决定。

尽管美国联邦政府对地方政府的举债限制很少，但许多州级法律对州及州以下地方政府的举债权进行了限制。政府机构举债要在法律规定或特许的范围之内。一般责任债券的发行往往须经高层次机构（如议会、全体选民）批准，而批准收益债券发行的机构的层次相对较低。

（2）地方政府破产机制。

《美国破产法》第九章规定了"市政府债务的调整"，使地方政府通过执行债务调整计划而摆脱被追索债务之苦。《美国破产法》仅允许市和市以下地方政府宣布破产，不适用于州政府。地方政府的破产条件是无偿债能力、已经努力或尝试制定处理其债务的方案，以及获得州政府对于申请破产的授权。《美国破产法》规定了"自动停止"破产保护制度。自动停止是指破产程序启动时，所有针对债务人实现债权的行为都自动归于停止的制度。它提供了除其他破产保护以外的又一层次的保障，为地方政府的债务调整争取了宝贵的时间，同时也有助于地方政府在破产期间维系正常的日常公务运作，利于维护社会的稳定。

1937 年至今，美国有大约 700 个大小城市破产，并且有上升的趋势。2013 年 7 月,底特律以 180 多亿美元的长期债务和数十亿美元的短期债务宣布破产,是目前美国规模最大的城市破产案。城市破产的主要原因在于债务调整、支付长短期债务、资本租借、支付雇员退休金及其他的福利等。申请破产的美国地方政府增多的主要原因是公共雇员福利及地方支出膨胀导致长期财政赤字。

4.3.2　日本

日本是单一制国家,中央政府独自负责稳定政策的制定和实施,都道府县是一级行政区,直属中央政府,但都拥有自治权。

日本的地方财政始于明治维新时期,有明显的中央集权特征。中央集权的财政体制保证了大规模社会基础设施建设所需的财力,使得各项建设能在国家的统一指导下有计划地均衡地实施。但集权体制也使地方政府缺乏积极性和主动性,一切依赖中央政府的指导和安排,财政支出也缺乏效率。20 世纪 80 年代中期,集权制的缺点暴露无遗。1993 年《关于推进地方分权改革的决议》通过,日本的分权改革拉开帷幕。2000 年,《地方分权一览法》实施,标志着日本的分权改革进入具体的实施阶段。

长期以来,日本的中央政府各省厅,通过“机关委任事务”(即中央政府各省厅委任地方公共团体办理的事务或地方政府执行中央政府或其他地方政府的事务),严格控制或监督地方,被认为是日本中央集权型行政体系的核心部分。《地方分权一览法》废除了“机关委任事务”,并在总理府设立了国家地方争讼处理委员会。

当中央政府与地方政府之间发生争讼时，国家地方争讼处理委员会将根据公平、中立原则对争讼进行调解。

财政方面，2002年日本内阁会议通过《2002年经济财政运营和结构改革的基本方针》，决定实施地方财政分权改革——“三位一体”改革，即国库支出金、地方税、地方交付税作为一个整体。国库支出金改革主要是废除、削减国库补助负担金；地方税改革主要是在国库支出金改革的同时，中央向地方进行相应的税源转让；地方交付税改革主要是削减地方交付税总额、提高地方政府自主财源的比重。

1. 地方政府债务概况

日本地方政府债务的发行方式主要有证书借款和发行地方债券。证书借款是日本以借款收据为凭据向债权人筹集债务资金。证书借款是日本地方政府举债的主要方式，尤其是在借入中央政府资金和公营企业金融公库资金时，均采用这种形式。

地方债券是由都道府县和市町村两级地方公共团体发行的债券，按照规定地方公共团体不能随便发行地方债券。地方债券包括地方公营债和地方公营企业债两种类型。其中，地方公债是日本地方债券制度的主体，是地方政府直接发行的债券，主要用于地方道路建设、地区开发、义务教育设施建设、公营住宅建设、购置公用土地以及其他公用事业；地方公营企业债是由地方特殊的公营企业发行、地方政府担保的债券，使用方向主要集中于下水道、自来水和交通基础设施等方面。

由表4.7可以看出，证书借款是主要的日本地方债务发行方式，且比例在上升，1990 年末占地方政府债务余额的比重达到了 72.5%。

表 4.7　按发行方式分类的日本地方政府债务余额构成

年份	地方政府债务余额(亿日元)	证书借款	发行地方债券
1985	426884	64.8%	35.2%
1988	489008	70.2%	29.8%
1990	521895	72.5%	27.5%

资料来源：日本财务省：《图说日本的公用债》。

2. 地方政府债务管理机制

2006 年以前，日本对地方政府债务主要实行“审批制”。日本法律赋予中央政府直接控制地方政府借款的权力。一般来说，日本中央政府对地方政府借款的直接控制权不仅包括对被提议借款项目的事前审查，还包括对地方政府财政活动的监控。

从 2006 财年起，基于分权改革，严格的“审批制”转变为“协商制”。日本地方政府举债首先须经地方政府议会批准，然后与中央政府就有关问题进行磋商，总务大臣审核地方政府的财政状况及债务的安全程度以确保地方政府债务的安全性。地方政府的财政状况满足一定条件时可直接举债，无需总务省批准，但如果相关指标超过一定限额，则须经总务省批准后才可举债。

4.3.3　美日韩三国对比分析

1. 相似之处

(1) 地方债务管理机构设置。

美日韩三国的地方债务管理机构均独立于财政部。

在美国，由美国证券交易委员会(SEC)市场监管部的市政债券办公室和美国市政债券规则委员会负责对州及州以下地方政府发行的市政债券进行监管。市政债券办公室主要根据反欺诈条款进行事后监督并制定或委托制定约束市政债券参与者的规则，以实现对市政债券的监督；市政债券规则委员承担了制定市政债券规则的主要责任，但其制定的规则必须经过 SEC 批准之后才具有约束力。日本的财务省参与中央政府对地方政府借款计划的制定，总务省负责制定地方政府债务计划，代表地方政府与财务省和内阁进行协商。韩国内务部负责颁布地方政府借款的详细规定和指导方针，在地方政府债务的管理中发挥关键作用。

在财政部外单独设立债务管理机构的优点有：(1)财政部的主要精力放在预算编制执行、经济预测等方面，债务管理工作容易被忽视。(2)独立的债务管理机构能有利于接受监督，更有可能避免政府直接干预借贷政策。

但与此同时，也失去了财政部内设债务管理机构所具有的优势：(1)财政部是政府债务的最终承担者。(2)财政部在宏观经济管理方面具有能力和信息上的优势。(3)财政部掌握政府资产、负债和收支状况的全面信息。

(2) 地方政府债务风险控制。

风险控制主要有需求控制和供给控制两种模式。美日韩三国均主要采取需求控制模式，约束作为借款方的地方政府。其中，美国主要采取余额控制，日韩两国主要采取增量控制，各国的主要需求控制指标见表 4.8。

表 4.8　美日韩三国地方债务风险控制指标对比

国家	风险控制指标
美国	州政府债务余额占州内生产总值(GSDP)的比重在 13%—16%之间，州及地方政府债务余额占州及地方政府年度总财政收入的比重为 90%—120%
日本	证书借款额/地方政府总财政收入不超过 9%，地方债券/一般财政支出在 20%以上的地方政府不得发行地方福利设施建设事业债，30%以上不得发行一般事业债
韩国	前 4 年平均还本付息额/前 4 年平均政府财政收入低于 20%，收支结余率不低于-10%

资料来源：作者整理。

需求控制模式有利于在源头上约束举债主体的借贷行为，其特点表现为计划政策的强制性本质，在很大程度上约束了地方政府的借贷动机。而供给控制模式则主要通过限制债务资金来源来约束地方政府的举债行为，使地方政府债务成为“无源之水”，从而达到控制债务规模的目的。相比之下，需求控制模式对地方政府举债的约束更为直接。

除了规模控制外，美日韩三国对地方债务都有严格的管理与监督。

美国州及州以下地方政府拥有举债权利，美国政府通过一系列体制加强市政债券的市场监管与风险控制。美国实行复式预算管理，即经常性预算和资本性预算相结合，以保证政府项目资金的供应，合理安排债务资金；信息披露准则规定地方政府在发行市政债券时应该披露的必要事项和信息发布的标准格式，一旦地方政府出现财政问题或危机，就必须及时向公众披露相关信息。此外，债券保险制度也有利于降低债券风险。市政债券需要按时向私人保险公司申请保险，一旦出现债务偿还危机，私人保险公司就能很好地保障投资者权益。私人保险公司也会及时关注市政债券的风险和收益，及时为政府当局提供相应的专业指导。

日本地方政府举债须经地方政府议会批准，然后与中央政府就有关问题进行协商，总务大臣审核地方政府的财政状况及债务的安全程度。地方政府的财政状况满足一定条件时可直接举债，但如果相关指标超过一定限额，则须经总务省批准后方可举债。此外，日本引入风险预警体系，对道德风险问题起到一定的威慑作用，避免地方政府陷入债务危机以致破产。

由于韩国的地方政府债务大部分是向中央举借，因此必须将举债方案提交中央政府审批，并满足中央政府事先确立的指标控制范围，待中央政府批准后，该方案还要由地方市政当局审批，以确定具体举债数额。而建立覆盖全国的财政管理信息系统则增加了财政管理的透明度。

4.3.2 不同之处

（1）中央政府与地方政府的事权分配。

美国是典型的联邦制国家，联邦、州、地方三级政府在宪法规定下相对独立地行使其职权。各级政府均拥有各自的财政收入与财政支出范围，权力和责任既相互区别、各有侧重，同时又相互补充和交叉。在事权范围的划分上，联邦政府负责国防、外交和国际事务以及邮政、空间技术和关系到全国利益的州际事务、全国性的社会福利等。州政府通常负责联邦政府事权以外的、没有授权地方政府处理的一切事务，包括：进行收入再分配、提供基础设施和社会服务、促进本州经济发展等。地方政府则依据州的法律规定和州政府的授权处理当地事务，其事权范围比较广，但这些事务所惠及的范围一般限于地方政府的管辖之内，主要有：基础教育、地方治安、消防和地方基础生活设施、公共福利等。

日本、韩国属于单一制国家，中央政府对地方政府有较强的控制力，地方政府的独立权相对联邦制国家较小。

财政问题上，日本以“大地方政府”著称，在日本的公共财政最终支出当中，二战后几十年来，中央财政的最终支出基本上都维持在 30%左右，而地方财政的最终支出约占 70%。但日本的中央政府通过收入再分配和行使财政计划管理权，对地方财政实施强有力的控制。

相比之下，韩国地方政府的财权相对中央政府较小。按照《地方自治法》的规定，韩国对地方政府实行自治，但实际上在 20 世纪 90 年代以前，韩国的地方政府基本上没有自治权限，各级政府的职能范围均由中央通过法律统一规定。20 世纪 90 年代以后，随着地方自治体制的发展，韩国地方政府的财政规模较过去有了较大的增长，目前地方政府实际支配的财力大于中央政府。

（2）地方政府债务的管理体制。

美国是联邦制国家，而日本、韩国是单一制国家。与政治体制相对应，在地方政府债务的管理体制上，美国偏向于制度约束型，而日韩两国则偏向于行政控制型。

制度约束型管理体制主要通过明确的法律条款管理地方政府

债务。美国的《证券交易法》、《税收改革法案》、《美国破产法》以及各州法律对地方政府债务的管理有详细规定，并依据成熟的银行体系与有效的资本市场使得市场调控在控制举债方面发挥了相当重要的作用。

在行政控制型管理体制下，中央政府直接运用行政手段管理地方政府债务。韩国、日本曾坚持以行政控制为主。行政控制不仅可以防止地方政府的债券发行突破中央计划，而且通过协议审批过程，强化了中央财政与地方财政的联系和中央政府对地方财政的指导。但过度的行政控制难以真正实现对地方政府债务的有效管理。这是因为行政约束型管理体制凭借上级政府的权威控制地方政府债务的风险，效果虽然直接，但可能会使中央政府过多陷入微观决策而减少对宏观经济的关注。同时，中央政府对地方政府借款业务的审批与担保，还可能使中央政府承担道德风险和隐性担保责任。目前日韩两国正积极进行制度约束和市场约束等类型的改革以提高地方政府债务的管理水平。韩国政府采取了行政控制与制度约束并举的方法，通过行政审批流程与指标约束相结合的类型，对地方政府债务进行监督管理。而日本随着分权化进程的推进，其地方政府债务的管理体制正在从行政控制型向制度约束型转变。

（3）地方政府债务规模。

韩国地方债占 GDP 比重远小于美国、日本。2010 年，韩国地方政府债务占 GDP 比重仅为 2.47%，近年来还有所下降；美国地方政府债务余额约占当年 GDP 的 19%，而日本在 2008 年时，地方债务占GDP比重已高达40%,居世界首位,并且债务持续增加。因而,地方债务违约可能会给美日两国尤其是日本的经济带来较大冲击,而对韩国几乎不构成风险。

美日韩三国地方债务规模的差异主要取决于以下两个方面:(1)经济和财政政策。21世纪初,美国经济衰退加上巨额军事支出使其20世纪末的财政盈余变为财政赤字。自2008年全球金融危机爆发以来,美国更是通过大举发债来振兴经济。日本经济自20世纪80年代以来开始下滑,日本为刺激经济而不断发债,但与此同时却迟迟走不出衰退,导致债务不断积累。而韩国的刺激措施相对缓和。2012年美国财政赤字占GDP比重为6.8%,日本近11%,韩国仅为1.4%。(2)政治体制。在中央集权制国家,由于上下级政府之间存在明确或暗含的法律、道义或传统的关系,上级的事权往往成为下级的当然事权,而下级的债务也不可避免地成为上级的或有债务,上级往往成为下级债务的"兜底者"(即最后承担者),道德风险的存在使得地方政府倾向于多负债,甚至故意负债。因此,日本的地方债务占GDP比重远高于美国。

(4) 地方政府债务的违约率。

在中央集权制下,陷入财政困境的地方政府可以接受中央政府的援助。因此,地方政府在中央政府"隐性担保"的前提下,能避免陷入债务危机。同时,日本居民的储蓄率较高,而日本公债大多为其本国人持有,可有效帮助日本渡过债务危机。因此,虽然日本的公债规模已达GDP规模2倍多,地方债占GDP比重也高达40%,但日本目前还没爆发债务危机,地方政府债务的违约也较少，债务违约主要发生在财力薄弱的小城镇。

相比之下，美国市政债券的违约率最高。美国市政债券曾有“银边债券”之称，是公认的安全性资产，其安全性程度仅次于美国国债。但近年来，美国市政债券的违约率明显上升。根据美联储纽约分行的统计，1970—2011 年，美国市政债券的违约数量为 2521 例，而 1986—2011 年间，违约数量就有 2366 例，年均有 91 例。即 20 世纪 80 年代中期以后，美国市政债券的违约数量明显增多，市政债券的信用评级也被下调。2011 年 8 月，标准普尔下调了数千笔市政债券的“AAA”信用评级。2012 年 12 月，惠誉国际也警告称，美国的市政债券面临重大评级下调风险。

但日本的超高债务规模问题依然不容忽视。近年来日本居民储蓄率下降，将使支撑日本公债的重要资金来源受到冲击。而奥运会虽然能为国内经济带来直接的经济拉动效应，但是奥运会的准备工作必将令日本严重的债务问题雪上加霜，因此日本或爆发债务危机，到时地方债违约也不可避免。

相比之下，韩国较低的财政赤字和地方债务占比，再加上中央政府的最后担保，确保了韩国地方政府债务的安全性。

第 5 章

结论与启示

5.1 韩国地方债务体系的不足和改进方案

近来，随着韩国地方政府自治水平的不断提高，韩国国内著名学者、研究机构和政府机构均对地方债务提出了自身的看法，包括韩国地方政府债务水平是否合适，地方债务管理体系是否合理，对风险控制是否重视以及中央—地方财政关系是否出现错配等。韩国国内的讨论主要聚焦于韩国地方债务体系的不足和进一步的改进。

第一，韩国地方政府债务最大的问题在于地方政府债务工具没有被充分利用，债务水平较低，地方政府利用地方债务的积极性较差。例如，裴仁明(2005)认为相比自主财源(如地方税)或依存财源(如中央政府转移支付)而言，韩国地方债因能为地方自治团体扩充投资财源而被自发利用的空间较大，是一种优秀的财源调配方案。但韩国对于地方债方式的财源调配持有较为保守的立场，因此在地方自治实施以前对地方债的利用并不积极。而此研究的分析结果表明，地方自治实施以后地方债的发行规模与地方债的比率呈减少趋势。这意味着，民选的地方自治团体长并没有通过地方债来积极确保投资财源，而是更倾向于稳定的财政运营而消极利用地方债。另外，国库辅助金规模更大的地方自治团体，对地方债的利用度更低。这一分析结果表明，相比于地方债，民选的地方自治团体长为确保财源更依赖于国库辅助金。韩国的地方债规模显著低于美国的地方政府债务规模，也远远达不到许多学者和信用评价公司提出的危险水平或适当水平，与这类标准相比韩国的地方债利用余力还有很大。事实上，无论是绝对水平还是与日本、美国、中国等国家的对比分析，韩国的地方政府债务水平均较低，而且近年来甚至有下降趋势，表明该融资工具尚未被充分利用。

第二，即使是在地方债务内部，韩国地方政府也对市场化的地方债采取回避态度（即使地方政府仍然缺乏资金），真正的地方债市场并未形成。例如，韩国釜山大学产学协力团（2010）发现，地方自治团体可制度性地通过债券市场发行地方债，但实质性的地方债市场尚未形成。由于地方自治团体关于债券市场的经验不足，对市场的理解较浅，因此会避开通过市场调配资金的方式，主要通过向政府或广域自治团体的基金与一些金融机构借款来调配不足的资金。然而，地方自治团体的地方债负责人发现，大部分地方自治团体正在经历资金不足的状态，地方自治团体实际上存在潜在的资金需求。从目前韩国地方债务的构成来看，市场化的金融机构借款和市政债券余额之和为 28381 亿韩元，占地方债务总额的 10.6%，与 2012 年韩国地方政府预算收入相比仅占 1.88%，与 2012 年韩国 GDP 相比仅占 0.22%。因此，韩国地方债务不仅总量规模小，市场化程度更低，并未形成成熟的地方债管理机制。

第三，由于中央政府审批制的存在，韩国地方政府对地方债务的责任不够明确，存在一定的道德风险，因此虽然目前的地方债规模不大，但需要预防因责任不清导致的违约风险。例如，An 和 Lee(1999)结合美国和日本的地方债务管理规则，指出由于所有地方债发行都需要得到中央政府的承认，因而地方自治团体的自律性不足，这会影响地方自治团体对地方财政的责任心，地方债市场的功能不足也会导致资源分配效率下降，因此，在发行地方债方面，需要提高地方自治团体的自律性与责任心，并强化市场功能。这一观点在韩国地方债务整体水平较低的背景下，相对而言较为超前，但也指出了审批制所容易产生的道德风险问题，对中国有很强的借鉴意义。

为应对上述问题，韩国国内的学者、研究机构和政府机构也提出了相应的解决方案和进一步的改革方向。

首先，逐步废除中央审批制度，引入地方政府总额限额制(已于 2006 年完成)，并进一步增加地方政府的自主权，如自主决定借贷用途、规模、期限等，活化地方债务这一融资工具。韩国地方行政研究院于 2004 年发布的《地方债发行总额限额制导入方案研究》认为：地方债制度是影响中央与地方之间财源分配的主要因素，但地方债发行规模未满地方财政收入的 5%，因此在中央与地方之间的财政关系方面地方债的重要性不大；地方债规模即使扩大到现在的 2—3 倍，也并不会带来宏观经济的不稳定或预算软约束问题；考虑到发达国家的案例、地方债市场的未成熟、地方自治团体未具备财政安全机制等，地方债审批制度需部分性或阶段性废除,引入总额限额制。

其次,为了增加地方债的市场化,韩国国内的观点更倾向于建立地方政府债券市场。例如,韩国釜山大学产学协力团(2010)认为,现实中地方政府只是向中央政府或广域自治团体的基金进行借贷,若地方自治团体需要稳定平滑地调配资金的借入来源,现实中可能的对策即为建立地方政府债券市场,而非向金融机构借贷,因为后者有期限错配的问题。

最后,进一步细化地方政府的责任,根据地方政府的责任发行不同的债务,并适用不同的管理要求。An 和 Lee(1999)认为需要将地方债区分为需要中央政府支援的地方债和其他地方债,差别化其发行的条件,具体而言:对于不需要中央政府支援的地方债,适用总额限额制,允许地方自治团体在自身责任下发行地方债;对于需要中央政府支援的地方债,对其发行目的等进行严格审查后批准。将地方债务进行区分后,地方政府的责任更加清晰,主要在于承担无需中央政府支援的那部分债务的偿还义务,因此可以规避道德风险问题;在这一部分废除审批制,引入总额限额制则有利于发挥地方政府利用地方债务融资的积极性,实现资金的有效配置。

5.2 对中国地方政府债务问题的启示

根据上文的分析,我们可以发现,韩国的地方债务体系是典型的“先恋爱再结婚”,即相关制度和风险管理机制事先到位,但债务流量和债务余额并未达到需要警惕的水平，甚至并不能满足地方政府的融资需求；相比之下，中国的地方债问题是“先结婚再恋爱”，先通过各种手段和工具筹集资金来满足建设要求，积累起较高的债务余额，但并没有一套完整的制度基础。从这个角度上来说，韩国地方债务体系对中国的启示在于，首先建立一套良好的监管制度，并注意保持地方债务工具和地方债务市场的活性。在制度建立方面，本书认为：

第一，建立透明的年度发行计划及存量披露体系。韩国地方政府每年 9 月需要向行政安全部披露下一年度拟发行地方债务的情况，超出限额部分需要审核，这一发行计划需向本地区民众公布并征求舆论意见；同时，韩国行政安全部每年发布《地方自治团体债务状况》报告，披露韩国地方政府债务的总额、用途结构、资金来源结构、利率结构以及细化到每一个基础行政区的借贷存量情况，地方债务一目了然。目前，中国于 2010 年 6 月、2012 年和 2013 年分别对地方债务进行了三次全国范围的审计，其中 2013 年的审计较为全面，达到了韩国年度披露的精度（但未披露省级以下行政区的债务情况）。然而，中国地方政府并未发布年度融资计划，只有财政部代发债券、城投债需要审批，城投公司（即城市建设投资公司）通过银行贷款，其信托融资除用途受一定监管外，发行时间和规模基本不受控制，特别是以城投公司为主体发起信托融资的周期较短，因此计划性差。我们认为，规范中国地方债务的第一步是建立透明的年度发行计划及存量披露体系，地方政府每年年末确定下一年的融资总额和结构，并在每年年初披露上一年度计划的完成情况及年末债务存量的总额和结构。进一步的制度建设和市场活化都必须建立在清晰披露的基础之上。

第二,明晰地方政府债务的借贷主体。2014 年修订前的《中华人民共和国预算法》规定,除法律和国务院另有规定外,地方政府不得发行地方政府债券。2009 年初中国人民银行与中国银行业监督管理委员会联合发布《关于进一步加强信贷结构调整促进国民经济平稳较快发展的指导意见》,提出"支持有条件的地方政府组建投融资平台,发行企业债、中期票据等融资工具,拓宽中央政府投资项目的配套资金融资渠道"。因此,城投公司成为地方政府发行债券并向金融机构和市场借款的主体。城投公司的法人治理结构不够完善,责任主体不够清晰,而且某一层级的地方政府往往设有数个城投公司,关系错综复杂。我们认为,应明确地方政府作为地方债务的借贷主体,长期而言是落实修订后的预算法,在确定地方政府本身的借贷资格的基础上,利用地方政府发债替代之前权责不清的"影子债务"短期而言是清理整顿地方政府设立的投融资平台,确定地方政府与投融资平台之间的法律关系以及何种债务需要地方政府"兜底"。

第三,根据发行目的划分偿还责任,避免"道德风险"。目前,中韩两国地方债务的发行目的主要以基础设施为主,其中不少债务的融资标的具有强烈的正外部性,或为了满足国家的目标而建设的。根据 2013 年全国性地方政府债务审计的结果,地方债务按其相关责任被划分为"负有偿还责任的债务"、"负有担保责任的债务"及"其他相关债务",其中大部分集中于"负有偿还责任的债务"

中。且由于借贷主体不清，在地方投融资平台内部，存在债务匹配不清晰，有现金流量的业务（例如自来水公司、供热公司等）与纯公益业务相互混杂，地方政府违规对其他债务提供隐性担保等情况，导致偿债责任方不清晰。因此，我们建议参照韩国国内学者和研究机构所提出的建议，将某些特定用途的需要中央财政支持的债务划定为中央支持地方债务，由中央财政或特殊基金负责偿还，地方政府仅作为具体项目的实施者；若融资标的是当地的非营利项目，则划定为普通地方债务，偿还责任归于地方政府；若融资标的是当地的营利性或能够产生足够现金流的项目，则成立地方公营企业作为借贷主体，负担该债务的偿还，并与地方政府隔离。

第四，建立规范的发行标准体系。韩国已经建立起较为规范的总额限额制以及与之相适应的发行标准，考虑了地方政府债务存量、政府级别、财政收入等诸多因素。相比之下，中国的城投债主要由国家发改委审批，其融资标的能较好地得到控制，主要是保障房及其他公益性基础设施项目，但仍无固定规章可循；银行贷款也受到央行的“指导”，对地方政府债务规模、融资标的也有一定的要求，但随政策改变剧烈，没有稳定的预期；通过信托融资等发行的非标准证券更为灵活，为大量不符合其他渠道融资标准的项目筹措了资金。虽然《关于制止地方政府违法违规融资行为的通知》（财预[2012]463 号）等文件对这类违规融资行为进行了管制，但信托融资透明度差，结构灵活，容易规避监管，因此屡禁不止。从这个角度上来说，目前中国地方政府债务的发行体系比较混乱，总体非常宽松，因此也导致了地方债务快速积累的现状。我们认为，中国首先应建立审批制的地方债务发行体制,对每一笔地方政府债务进行审批,逐步控制、消化目前的地方债务存量。之后,根据地方政府的融资标的,区分审批标准,例如某些需要中央政府支持的纯公益性项目,最后偿还责任主要由中央政府承担,因此需要严格审查项目的公益性和适宜性,审核最为严格;对于其他融资标的,可以适当放松审查标准,由地方政府自行判断是否发行,但动态监测和管理地方政府的债务存量总额。最后,逐步实现总额限额制管理,中央政府只监测地方政府债务存量及其他财务指标,其在一定范围内即允许地方政府自行决定是否发行债务。

第五,在透明的债务存量披露体系基础上,建立债务存量风险管理体系。韩国用以管理债务存量风险的指标是"管理债务偿还费比率",该指标可测度未来 4 年内地方政府的偿债压力,在其大于某些临界值后,则强制地方政府采取减债及其他惩罚措施。目前中国已经开始进行全面审计,有建立类似制度的数据基础,但并未制定相应的存量债务风险指标、出台债务管理体系。我们认为,中国应首先抑制债务积累过快的势头,消化高风险、不规范的债务,在此过程中逐步建立类似的风险管理体系,设立监测指标,对不同地方政府设立不同的临界值,根据地方政府的完成情况,利用转移支付、项目审批甚至行政干预等手段进行奖励或惩罚,从而建立债务存量风险管理体系。

在保持市场活性方面,我们认为"增量改革"仍然适用于地方债务市场,即逐步消解现有的债务总量,通过新债发行纠正其中的结构问题。具体包括:

第一，限制新债发行规模，控制债务总量。根据上文的分析，2010年底到2013年6月，中国地方债务存量从10.7万亿元快速上升至17.9万亿元，不到3年的时间内增幅高达67%，占GDP比重从26.7%上升至31.5%，占地方财政收入均超过250%。这表明中国的地方债务在快速增长的同时，总量已经达到了较高的水平，特别是考虑到相关的监管制度尚未成熟，甚至完全缺失。相比之下，韩国的地方债务存量占GDP比重从未超过5%（虽然韩国存在地方债务工具未被充分利用的问题）。我们认为，目前有必要控制债务总量的增长速度，使之处在可控范围内，为相关监管制度的建立争取时间。与此同时，与韩国相比，中国不同地区的经济发展水平和财政收入的差异巨大，应根据上述变量对不同地区区别对待，允许少数目前地方债务存量水平较低的地区优先发行债务，严格限制地方债务负担过重的地区（例如重庆，其地方债务占GDP比重接近60%，占地方财政收入比重接近400%）进一步借贷。

第二，谨慎应对近期偿付高峰，不鼓励违约，并解决期限错配问题。根据2013年6月的审计结果，目前中国地方债务存在非常严重的期限错配问题：超过30%的地方债务需要在1年之内偿还，超过70%的地方债务的偿还期限小于5年，几乎没有偿还期限超过10年的地方债务。相比之下，2002年韩国的地方债务中，近80%的地方债务的偿还期限超过10年。因此，近期内中国地方政府将会迎来一个偿付高峰，存在较高的流动性风险。在限制发行新债的基础上，这一风险将会被放大。我们认为，应该谨慎应对这一偿付高峰，帮助地方政府平稳过渡，不鼓励地方政府债务违约，原因在于：违约可能对中国地方债务市场造成较大冲击，由于地方债务以银行贷款及其他非标准证券为主，可能增加银行系统的坏账风险，并导致影子银行风险集中暴露而产生危机（特别是目前的刚性兑付规则已经导致风险被扭曲）；进一步地，违约不仅会对其他债务存量造成冲击，而且会严重损害公众对未来地方债务市场的信心，使得地方债务市场的活跃度急剧下降，这对各方均无益处。此外，为应对偿付高峰而发行的新债应注重解决期限错配问题，主要的手段是发行期限较长的市政债券或向特定政策性金融机构贷款（下一点会对此详细论述），通过纠正增量来解决存量的期限结构问题。

第三，通过向特定政策性金融机构借款，减少银行贷款及非标准证券形式的债务。根据2013年6月的审计结果，中国地方债务中近80%来自各类金融机构和金融系统，其中银行贷款占比约为56%，债券约为10%，信托融资约8%。相比之下，2012年，韩国地方债务中50%来自各类政府基金，近40%来自各类强制性债券，剩余10%来自市场化金融机构。韩国的地方债务结构存在着市场化不足的问题，而中国则面临着银行风险敞口过大以及不规范的信托融资规模较大的问题。中国地方政府应在发行新债时采用其他形式，逐步减小银行系统的风险敞口，降低期限较短、程序不透明的信托融资的占比。可替代的方案可以是建立特定的金融机构，例如学习韩国建立住宅银行，专门解决关于住房的融资问题。事实上，2014年两会期间，已经有代表提出以住房公积金管理机构为基础,组建住宅政策性金融机构——国家住房保障银行[①],以确保保障房建设的资金。此外,在已有的银行贷款余额中,来自国家开发银行的贷款占较大比例(例如2013年国家开发银行即发放城镇化贷款9968亿元)。因此,也可借道国家开发银行,使之成为地方债务的来源主体。2014年2月,国家开发银行董事长胡怀邦在《求是》杂志发表文章称,可以通过"三个统一",即统一评级、统一授信、统借统还,来控制地方债务风险。另一个可替代的方案是学习美国,以市政债券为主,逐步加大债券占地方债务的比例(目前占比约10%,主要是城投债)。这种方案的好处是更为市场化,地方债务市场更为活跃,地方政府的自主性更强;缺点在于需要杜绝道德风险问题,严格区分偿债责任,并建立特殊情况(例如地方政府破产)的处理机制。

---

① 参见 http://news.sina.com.cn/c/2014-03-12/035029684299.shtml。

参考文献

财政部预算司:《国外地方政府债务管理经验——比较与借鉴》,《经济研究参考》2008年第22期,第2—8页。

财政部财政科学研究所课题组:《我国地方政府债务态势及其国际借鉴:以财政风险为视角》,《改革》2009年第1期,第5—24页。

傅志华、陈少强:《美国防治地方财政危机的实践与启示——以宾夕法尼亚州为例》,《国际经济评论》2004年第4期,第35—39页。

龚强、王俊、贾坤:《财政分权视角下的地方政府债务研究》,《经济研究》2001年第7期,第144—156页。

韩国釜山大学产学协力团:《地方债市场活性化方案》,《行政安全部研究报告》2010年版。

李恩平:《韩国城市化的路径选择与发展绩效:一个后发经济体成败案例的考察》,中国商务出版社2006年版。

李萍、许宏才、李承:《地方政府债务管理:国际比较与借鉴》,中国财政经济出版社2009年版。

马金华、李国锋、谢兴春:《美、日地方政府债务管理及其对我国的启示》,《创新》2010年第1期,第41—45页。

梅建明、雷同:《地方政府债务风险管理及控制的国际经验》,《经济研究参考》2011年第23期,第42—44页。

裴仁明:《地方自治的实施对地方债利用的影响分析:以市政府为中心》,《韩国行政研究》2005年第14(4)期,第123—145页。

宋立:《地方公共机构债券融资制度的国际比较及启示——以美国市政债券与日本地方债券为例》,《经济社会体制比较(双月刊)》2005年第3期,第76—83页。

王锐、张韶华、黎惠民:《从美日经验看地方政府债券制度》,《经济问题》2004年第5期,第67—69页。

魏加宁、唐滔:《国外地方政府债务融资制度综述》,《国家行政学院学报》2010年第6期,第113—117页。

徐瑞娥:《国外地方政府债务管理概况》,《地方财政研究》2009年第4期,第76—80页。

徐阳光、周亮:《美国地方政府破产制度及其对中国的启示》,中国清算网 http://www.chinaqingsuan.com/news/detail/4045/page/1,2013-04-26。

许正中、苑广睿、孙国英:《财政分权:理论基础与实践》,社会科学出版社2002年版。

杨华:《日本地方政府债务管理及近年来的改革动向》,《首都经济贸易大学学报》2011年第4期,第13—17页。

张瑛:《西方发达国家事权划分与财政支出结构的比较分析》,《中南财经政法大学研究生学报》2006年第6期。

An Jongseok, Lee Sangseop, 1999:《地方自治团体借入制度改善方案》,韩国财政经济部研究报告。

Bagchi, S., and A. Kundu, 2003, "Development of Municipal Bond Market in India: Issues Concerning Financing of Urban Infrastructure", *Economic and Political Weekly*, Vol.38(2), pp.789—798.

Doi, T., and Hayashi, T., 2005, "Toward Reform of Local Bond System in Japan", ESRI workshop paper.

Ewer, S. R. & Williams, J. R., 2010, "Accounting for Municipal

Bankruptcies: An Increasing Occurrence in Uncertain Times", *The CPA Journal*, December, 34—36.

Fabozzi, F. J., 2006, *Bond Markets, Analysis and Strategies*, Peking University Press.

Kevane, H. C., 2011, "Chapter 9 Municipal Bankruptcy: The New 'New Thing'?", *Business Law Today*, May, 2—4.

Kim, J., 2002, *Local Government Finance and Bond Market Financing in Korea*, Korea Institute of Public Finance.

Kwon, O., 2003, "The Effects of Fiscal Decentralization on Public Spending: The Korean Case", *Public Budgeting & Finance*, 23(4), 1—20.

Leigland, J., 1997, " Accelerating Municipal Bond Market Development in Emerging Economies: An Assessment of Strategies and Progress", *Public Budgeting & Finance*, Vol.17(2), pp.57—79.

Martinez-Vazquez, J., Timofeev, A., and Boex, J., 2006, *Reforming Regional-local Finance in Russia*, World Bank WBI Learning Resources Series, 35550, World Bank Publications.

Musgrave, R. A., 1959, *The Theory of Public Finance—A Study in Public Economy*, MaGraw-Hill Press.

Oates, W. E., 1972, *Fiscal Federalism*, Harcourt Brace Jovanovich Press.

Park, Jin, Choi Joonook, et al., "Potential Risks in the Liability of Public Institutions and the Policy Response", working paper, Korea Institute of Public Finance, 2013.

Shirai, S., 2005, "Growing Problems in the Local Public Finance System of Japan", *Social Science Japan Journal*, Vol. 8 (2), pp.

213—238.

SohIl-Seob,"Financial Stability of Local Public Enterprises and Policies for Reducing Their Liabilities",working paper,Korea Institute of Public Finance,2013.

Souza, C., 2002, "Brazil's System of Local Government, Local Finance and Intergovernmental Relations",MIMEO.

Swianiewicz,P.,eds.,2004,*Local Government Borrowing: Risks and Rewards*,Open Society Institute.

Tiebout,C. M., 1956, "A Pure Theory of Local Expenditures", *Journal of Political Ecoomy*,Vol.64,No.5,pp.416—424.

World Bank, 2004, "Should Borrowing by the Public Sector Be Decentralised",Decentralisation Thematic Team Report.

图书在版编目（CIP）数据

地方政府融资及其风险管理的国际经验:以韩国为例 / 黄懿杰,何帆著. —上海: 格致出版社: 上海人民出版社,2015

(城市化与金融系列丛书)

ISBN 978 - 7 - 5432 - 2564 - 0

Ⅰ.①地… Ⅱ.①黄… ②何… Ⅲ.①地方财政—融资—风险管理—研究 Ⅳ.①F810.7

中国版本图书馆 CIP 数据核字(2015)第 219205 号

责任编辑 李 娜

装帧设计 路 静

地方政府融资及其风险管理的国际经验——以韩国为例

黄懿杰 何 帆 著

出 版 世纪出版股份有限公司 格致出版社 世纪出版集团 上海人民出版社 (200001 上海福建中路 193 号 www.ewen.co) 格致出版 编辑部热线 021—63914988 市场部热线 021—63914081 www.hibooks.cn	**印 刷** 苏州望电印刷有限公司 **开 本** 720×1000 1/16 **印 张** 12 **插 页** 2 **字 数** 121,000 **版 次** 2015 年 11 月第 1 版 **印 次** 2015 年 11 月第 1 次印刷
发 行 上海世纪出版股份有限公司发行中心	

ISBN 978 - 7 - 5432 - 2564 - 0/F・878 定价：38.00 元